Text
Kirsten John, geb. 1966, ist Lektorin und freie Schriftstellerin. Ihr preisgekrönter Roman *Schwimmen lernen in Blau* wurde in mehrere Sprachen übersetzt. In der Reihe *Wer war ...?* ist bereits ihr Buch *Wer war Klaus Störtebeker?* erschienen. Kirsten John lebt und arbeitet in Hannover und Amsterdam.

Illustration und Reihengestaltung
Stefanie Roth, geb. 1969, studierte Kommunikationsdesign in Berlin und Prag. Seit 1997 ist sie als freie Grafik-Designerin, Buchgestalterin und -illustratorin tätig. Die von ihr gestalteten Bücher wurden mehrfach von der Stiftung Buchkunst ausgezeichnet. Stefanie Roth, die außerdem den Fachbereich Grafik Design in der Design Schule Schwerin leitet, lebt mit ihrer Familie in Berlin.

Kirsten John

Wer war ARMINIUS?

Verlagshaus Jacoby & Stuart

Helmmaske vom Schlachtfeld
in Kalkriese, vielleicht die eines
germanischen Fürsten

Inhalt

Das römische Weltreich zur Zeit des Kaisers Augustus

DER ZÄHNEKNIRSCHER
ARMINIUS SCHLIESST EINEN PAKT

Arminius war auf jeden Fall der Schnellste. Schneller noch als sein Bruder Flavus, schneller auch als Ragin, ihr Freund, der so groß und schmal war wie eine Birke und so wendig wie ein Marder. Arminius war schneller. Er lachte, rannte durch das schwarzgrüne Dickicht, nasse Zweige peitschten rechts und links sein Gesicht. Seine Füße sanken tief in den weichen Untergrund ein und hinterließen Pfützen, die schnell volllliefen. Diesen Hügel noch, hier hoch, dort oben kannte er ein Versteck. Er lief und kletterte, rutschte auf dem lehmigen Untergrund aus und krabbelte auf allen vieren weiter, dann kauerte er sich kichernd zusammen. Sein Herz galoppierte weiter, und es fiel ihm schwer, den Atem zu zügeln. Ruhig, ruhig jetzt. Irgendwo weit weg schrie ein Vogel. Neben ihm plätscherte ein Rinnsal, und von den Zweigen tropfte es.

Sein Blick glitt über das Moor, das sich endlos unter ihm erstreckte und in dessen schwarzen Tümpeln sich die Blätter der Bäume und Tupfer des Wollgrases spiegelten. Der Pfad lag direkt zu seinen Füßen. Ja, hier unter ihm mussten sie vorbei: Es gab nur diesen Weg.

Vorsichtig schob Arminius sich nach vorn, spähte den kurzen, steilen Abhang hinab. Sehen konnte er sie nicht, aber hören. Sie kamen näher.

„Er muss hier irgendwo stecken." Das war die Stimme von Ragin.

„Meine Seite sticht." Und das der kleine Bruder von Arminius.

„Du bist aber auch wirklich langsam, Flavus."

Er hörte das Klatschen der Blätter, sobald Äste zurückschnellten, und patschende Schritte. Sie machten nicht weniger Lärm als eine Horde Wildschweine.

„Vielleicht hat er den Weg zum Moor genommen. Den anderen Weg, den durch das Wasser."

„Nein, zu gefährlich. Wir dürfen nicht ins Moor."

Die Geräusche verstummten. Arminius beugte sich weiter vor, sah jedoch nur das tropfnasse Grün der Büsche und Bäume. Er wünschte sich einen Erdwall, hinter dem er sich verstecken konnte. Langsam, mit lehmverschmierten Händen, griff er zu seinem Schwert.

„Warte auf mich!" Das war wieder sein Bruder, weiter weg, der ängstlich klang.

„Nun komm schon." Die Stimme war jetzt direkt unter ihm.

Vorsichtig schob sich Arminius noch weiter nach vorne, und da sah er auch schon das dunkelrote Haar von Ragin unter sich. Er hatte sich auf einen Stein gesetzt, um auf Flavus zu warten.

Arminius wartete nicht. Mit einem wilden „Tod den Feinden Roms!" sprang er auf und lief und schlitterte den Hang hinunter. Gerade noch sah er Ragin hochfahren, dessen erschrockene Augen, den aufgerissenen Mund, dann prallte er auch schon gegen den Freund.

Wie ein ineinander verschlungenes Rad rollten die beiden, schlagend, fluchend, ins nächste Gebüsch, rutschten über einen grün bewachsenen Stein und blieben schwer atmend im Moos liegen. Ein Frosch suchte mit langen Sprüngen das Weite.

„Verdammt, Arminius", sagte Ragin nach einer Weile. Er setzte sich auf und rieb sein schmerzendes Knie. „Ich bin doch die Römer."

„Nein, ich", widersprach Arminius, der sich Blätter, Modder und Froschlaich von der Wange wischte. Dann hob er triumphierend den rechten Zeigefinger zum römischen Gruß. „Salve", sagte er, eines der wenigen lateinischen Worte, das er kannte, und grinste.

Rom. Das ist nicht nur eine Stadt, das ist die Welt, damals, vor 2000 Jahren. Von Rom aus wird ein Herrschaftsgebiet regiert, das in seiner Bedeutung so groß, so riesig, so mächtig ist, wie kein anderes es zuvor war oder je wieder sein wird.

Wir schreiben das Jahr 6 „v. Chr.", das heißt sechs Jahre vor der Geburt von (Jesus) Christus, der übrigens im ebenfalls römisch besetzten Galiläa geboren werden wird und dessen Geburt für uns das Jahr 0 markiert. Das römische Imperium unter Kaiser Augustus erstreckt sich zu dieser Zeit einmal rund ums Mittelmeer. Im Norden Afrikas leben Römer ebenso wie in Spanien, Italien und Griechenland bis hin nach Syrien.

Rom ist überall, Rom beherrscht die damals bekannte Welt.

Die ganze Welt? Nein! Ein unwegsamer, kalter und nach römischem Ermessen wenig einladender Landstrich ist noch nicht erobert. Eine Wildnis, in der verschiedene Stämme leben, die die Römer kurz und knapp „Germanen" nennen. Sie selbst nennen sich freilich anders: Chauken und Langobarden, Treverer und Chatten, Marser und Cherusker. Jeder für sich ein Stamm mit eigenen Führern, einem eigenen Herrschaftsgebiet, eigenen Regeln und Gesetzen, wenngleich sie verwandte Dialekte sprechen. Den römischen Eroberern, die in langen Kolonnen in ihr Land strömen, haben sie kaum etwas entgegenzusetzen. Sie selbst haben keine eigene Armee, oftmals nicht einmal Pferde, und wenn sie sich schlagen, dann sind sie mit den Konflikten mit ihren Nachbarn mehr als beschäftigt.

Also heißt es abwarten. Noch tun die Fremden nicht viel mehr als in strenger Ordnung durchs Land zu marschieren, ihre Lager aufzubauen und zu frieren. Besonders die Cherusker, zu deren Führern Arminius' Vater gehört, gelten bei den Eroberern als „freundlich" und „befriedet". Und so verhalten sie sich auch. Geduldig, sogar ein wenig bewundernd beobachten sie die Römer in ihren glänzenden Rüstungen, Helmen und Waffen. Von den Eroberern kann man viel lernen. Vielleicht mehr, als denen lieb sein kann.

Als der siegreiche Führer Arminius stolz und mit zwei gefangenen Stammesfürsten ins Dorf zurückkam, von denen einer weiterhin dickköpfig behauptete, er sei der wahre Römer, war der Empfang alles andere als herzlich.

Eine Hand packte ihn am Ärmel, und er bekam eine schallende Ohrfeige verpasst.

„Was habe ich denn getan?" Mehr vor Schreck als aus Schmerz traten Arminius Tränen in die Augen. Er sah zu seiner Mutter hoch, die drohend wie die Göttin Freyja persönlich über ihm thronte.

„Wann habe ich dich losgeschickt, um Bier zu holen? Wann? Und wie siehst du überhaupt aus?"

Arminius sah an sich hinunter. Sein Wollkittel war dunkel von Erde und Feuchtigkeit, die Beine fast schwarz. Im Seil, das er sich als Gürtel um den Leib geschlungen hatte, steckte sein Holzschwert. Bier allerdings trug er nirgends bei sich.

„Das Thing* hat begonnen, die letzten Führer sind eingetroffen. Aber du musst dich ja in der Gegend herumtreiben, anstatt mir zu helfen!"

Arminius' Augen wurden groß. Das Thing, die Versammlung, die sein Vater einberufen hatte, war schon seit Wochen vorbereitet worden. Boten waren zu den anderen Führern der Cherusker geschickt worden, Opfer mussten vorbereitet, der Thingplatz hergerichtet werden. Nach und nach waren die Männer der umliegenden Siedlungen eingetroffen und bei den Familien im Dorf einquartiert worden. Schon seit Tagen war es lustig zugegangen, wurde an den Feuern getrunken und gelacht. Und doch war zugleich eine merkwürdige Spannung zu spüren gewesen, die niemanden im Dorf unbeeindruckt gelassen hatte.

Und jetzt das! Kaum hatte er dem Dorf für einen Augenblick den Rücken gekehrt, da hatten sie auch schon ohne ihn angefangen.

Die mit einem * bezeichneten Worte werden im Anhang „Wichtige Orte und Begriffe" (S. 101) erläutert

Arminius versprach, Bier zu holen, und Besserung, versprach, seiner Mutter zukünftig zu gehorchen und auf seinen Bruder aufzupassen, wie er es ohnehin den ganzen Tag über getan hatte. Er wusch sich notdürftig und versuchte vergeblich, sich den Dreck aus dem feuchten Haar zu kämmen. Mit Flavus im Schlepptau eilte er zu einem der kleinen Grubenhäuser, in der seine Familie die Vorräte lagerte.

„Gehst du auch zum Thing?", fragte Flavus, der seinem Bruder folgte, so schnell ihn seine kurzen Beine trugen.

„Da dürfen nur freie Männer hin", entgegnete Arminius kurz.

Es hatte zu regnen aufgehört. Vom Boden stieg Dampf auf, und man konnte den Sonnenstrahlen mit bloßem Auge folgen.

Beim Vorratshäuschen angekommen, schöpfte Arminius Bier in ein Trinkhorn, das er seinem Bruder in den Arm drückte. Er selbst schnappte sich einen Krug, so schwer, dass er ihn gerade noch tragen konnte.

Es war merkwürdig ruhig in der Siedlung. An dem kleinen Bach, der mitten durch das Dorf führte, spielten kleine, nur mit einem Wollhemd bekleidete Kinder im Schlamm, während ihre Mütter vor den Holzhäusern das gute Wetter nutzten, um Wäsche aufzuhängen, oder draußen an den Öfen standen und Brot backten.

Arminius machte einen großen Schritt über den Bach hinweg, Flavus planschte mittendurch.

Im Inneren der dunklen Häuser konnte man das Klackern hören, mit dem die Tongewichte der Webstühle aneinander schlugen. Hühner pickten Krumen, die Hunde dösten in der Sonne. Bis auf ein paar Sklaven, die wie gewohnt ihrer Arbeit nachgingen, waren keine Männer im Dorf zu sehen.

Arminius trug schwer an dem Krug. Um den großen, bösartigen Ziegenbock, der neben dem Haupthaus seiner Familie angepflockt war, schlug er einen Bogen und zog auch den kleinen Flavus an seinem Kittel aus der Reichweite des Tieres. Arminius nannte ihn

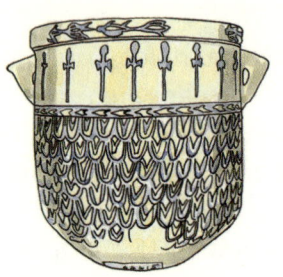

Auf dem Gebiet der Germanen gefundener Trinkbecher

„Zähneknirscher" nach einem der gewaltigen Ziegenböcke, die den Donnergott Donar in seinem Wagen begleiteten. An Kraft, so war sich der Junge sicher, war er ihnen gewiss ebenbürtig.

Vorsichtig, um nichts zu verschütten, stellte Arminius die Last ab und wartete, bis seine Mutter das Bier aus dem Krug in ein schöneres, reich verziertes Keramikgefäß gegossen hatte, das sie dem Jungen zurückgab.

„Hier. Das kannst du den Männern bringen. Aber belästige sie nicht und komm gleich zurück."

Sie belästigen, also wirklich! Er war Arminius, tapferer Führer ruhmreicher Heerscharen, heute erst aus einem Kampf siegreich hervorgegangen! Eigentlich hätte er einen anderen Namen verdient, einen, der mit „Sig" begann. Wie Sieg. Das war ehrenvoll.

Auf dem Weg aus dem Dorf hinaus, durch das Haupttor und an dem von einem Erdwall verstärkten Zaun vorbei bis zum Hügel, wo das Thing stattfand, überlegte sich Arminius, welchen Namen er gern tragen würde.

Sigismund gefiel ihm, oder Sigmar. Sigfried wäre nicht schlecht, oder Sigurd. So hieß der Sohn seiner Tante, mit dem er manchmal spielte.

„Arminius" war nicht sein richtiger, sondern sein römischer Name, den er sich für das Spiel heute gegeben hatte, so wie sein kleiner Bruder auch nicht Flavus hieß. Flavus, das war Lateinisch für „der Blonde".

10

Doch noch ehe er eine Entscheidung treffen konnte, welcher Name wohl am besten zu ihm passen würde, wurden seine Gedanken durch den Klang tiefer Stimmen unterbrochen. Schon als er den Hügel zur Hälfte hochgeklettert war, konnte er die Männer reden hören.

Sie saßen im Kreis, auf grob behauenen Baumstämmen oder Steinen, Schild und Schwert in den Händen. Einige flüsterten miteinander. Viele schüttelten so energisch den Kopf, dass ihre langen Haare flogen.
Es sah nicht so aus, als wären sie sich über den Grund ihrer Beratung schon einig geworden.
Als sein Vater sich erhob und in die Mitte trat, versteckte sich Arminius hinter dem erstbesten Gebüsch, um zuzuhören. Das Versprechen, das er seiner Mutter gegeben hatte, war vergessen: Keine zehn Pferde hätten ihn jetzt hier wegbringen können. Er wollte hören, was sein Vater zu sagen hatte.
„Cherusker!", rief Segimer. „Männer!" Er hob seine Arme, sodass ihm sein prächtiger Wollmantel wie ein Umhang über die Schulter fiel. „Es ist richtig, was Gerwin sagt, und ich zolle seiner Meinung Respekt. Auch ich habe schon Land und Leute verloren an die Römer, die hier herumspazieren wie in ihren eigenen Ländereien."
Um ihn herum erhob sich Gemurmel.
„Und doch", sprach Arminius' Vater ungerührt weiter, „habe ich noch mehr gesehen. Ich habe ihre roten Röcke gesehen und konnte sie nicht zählen. Ich habe ihre Helme gesehen, ihre Brustpanzer und ihre Schwerter."
„Hast du sie auch graben gesehen?", rief ein Mann, dem eine gezackte Narbe quer übers Gesicht lief. Beifall heischend sah er sich um. „Sie sind mehr mit Graben beschäftigt als mit Kämpfen. Wo immer sie auch langmarschieren, sofort buddeln sie sich ein."
Hier und da erhob sich Gelächter.

11

„Auch das habe ich gesehen", zog Segimer die Aufmerksamkeit
wieder auf sich. „Sie bauen Lager schneller als Vögel ihre Nester.
Lager, die unser Dorf zehnmal fassen könnten."

„Das klingt fast so, als würdest du sie bewundern, die Römer", rief
eine Stimme.

Sofort wurde es atemlos still.

Langsam wandte sich Segimer dem Rufer zu, einem Mann mit
rotem Bart. „Ich bewundere sie, Segestes. Und doch bin ich nicht
ihr Freund, so wie du es bist."

Der Bärtige erhob sich. „Das stimmt. Ich bin der Freund der Römer, aber ich bewundere sie nicht. Ich bin ihr Freund, weil sie viele sind, weil sie mächtig und weil sie reich sind. Wer ihr Freund ist,
so prophezeie ich euch, wird ebenso mächtig und reich sein wie
sie. Wer ihr Feind ist, der wird untergehen." Er setzte sich wieder,
während mehrere Männer als Zeichen des Beifalls ihre Schwerter
gegen die Schilde schlugen. Andere murrten missbilligend.

„Ich bewundere die Römer", erhob Segimer die Stimme, „und be-
neide sie um ihr Geschick. Ja, auch beim Graben, Ottmar, wie du
so richtig, wenn auch nicht ernst, bemerkt hast. Sie graben sich
tief in fremde Erde und warten auf ihre Feinde, die sie mit Gold
und Schmeicheleien locken. Und dann, wenn du ihr Freund geworden bist, gibt es die Peitsche: das römische Recht."

„Das hört sich für mich verdammt gut an", rief jemand. „In so eine
reich geschmückte Falle möchte ich auch geraten."

Wieder erhob sich beifälliges Schlagen, missbilligendes Murmeln.

„Es ist so, wie Kinder jagen. Wie sie Kaninchen und kleinere Tiere
fangen, um sie abzurichten und mit ihnen zu spielen. Sie legen
ein Kohlblatt aus und eine Schlinge. Die Römer erbeuten uns wie
kleine Kinder ihre Spielzeuge."

Jetzt überwog das Protestgemurmel bei Weitem.

„Und ich sage euch", dröhnte Segimer und hob sein Schwert, „sei-
en wir eine Zeitlang ihr Spielzeug. Sollen sie uns doch nähren an

ihrer Brust, denn so sind wir ihren Herzen am nächsten. Und ihren Kehlen."

Nun klopfte niemand mehr. Alle beugten sich nach rechts und links zu ihren Nachbarn, flüsterten miteinander, schüttelten die Fäuste oder wiegten nachdenklich die Köpfe.

Plötzlich drehte sich Segimer um und winkte Arminius zu sich herüber; er hatte ihn schon lange gesehen.

Der Junge stolperte verlegen und schuldbewusst zu seinem Vater. Hoffentlich gab es jetzt keinen Ärger.

Doch Segimer sprach nicht zu ihm, er sprach über ihn. „Dieses hier", sagte er, als Arminius vor ihm stand, „ist mein ältester Sohn. Er zählt jetzt sieben Winter, mit zehn bekommt er sein erstes Schwert. Und dann, wenn er damit umzugehen versteht, werde ich ihn zu den Römern schicken, ihn und seinen Bruder. Hier seht ihr das Spielzeug, das er jetzt noch ist und das ich ihnen gebe, damit sie es aufziehen, es ausbilden, es groß und stark machen. Und dann, mein Sohn", jetzt sah er auf Arminius hinunter, „dann wirst du zurückkehren und der sein, der du bist. Hörst du? Du wirst immer der sein, der du bist: ein Cherusker."

Und Arminius fühlte, wie sein Gesicht anfing zu glühen, als sich die Männer erhoben, einer nach dem anderen, selbst der Bärtige, selbst der mit der Narbe, ihre Schwerter hoben und „ein Cherusker" sagten. Ein Stimmengemurmel, tief und bedeutend: „Cherusker, Cherusker."

Über die Cherusker wissen wir heute herzlich wenig, wir kennen nicht einmal Arminius' richtigen Namen. Und wenn wir etwas erfahren, dann stammt es meist aus den Texten, die die Römer über sie verfassen: Die Cherusker können nämlich weder schreiben noch lesen.

Sicher ist, dass sie zum Beginn unserer Zeitrechnung einer der größeren Stämme sind, der im unwirtlichen Gebiet zwischen der Weser,

13

der Elbe und dem Harz siedelt. Und mit „unwirtlich" ist die Gegend noch freundlich beschrieben: Als Arminius dort aufwächst, ist das Land ein einziger großer Urwald mit hohen Bäumen und Gebüsch auf sumpfigem Boden und mit tückischen Mooren dazwischen. Es regnet viel. Die Bewohner sind den größten Teil der Zeit damit beschäftigt, ein trockenes Fleckchen Land zu finden, das sie mit Feuer, Äxten und Spaten roden können, um darauf ein Dorf zu errichten, um einen Acker und Wege anzulegen und einen Weideplatz für das Vieh zu schaffen. In den langen, mit Stroh oder Grassoden bedeckten Häusern leben Tiere und Menschen zusammen; eine Feuerstelle dient als Herd und Heizung. Zum Schutz vor Räubern und wilden Tieren umgibt meist ein Zaun oder eine Steinmauer das Dorf.

Den Römern kommt diese Lebensweise primitiv vor, und vor allem über ein Kleidungsstück machen sie anfangs ihre Witze: über die Hose. Allerdings erkennen sie schnell, dass so eine Hose recht praktisch ist, wenn man auf einem Pferd reitet, und warm ist sie noch dazu. Und warme Kleidung kann man im Land der Cherusker wahrlich gut gebrauchen.

„Das Land", so schreibt der Römer Tacitus, „macht mit seinen Wäldern einen schaurigen, mit seinen Sümpfen einen widerwärtigen Eindruck."

Gut, dass keiner der Cherusker das lesen konnte!

In der Nacht hatte es wieder angefangen zu regnen.

Arminius lag wach und lauschte dem Rauschen in den Blättern. Irgendwo, an einer undichten Stelle des Hauses, tropfte es. „Che-rus-ker", murmelten die Tropfen, und noch mal: „Che-rus-ker." Wieder und wieder. Auf den Bänken an den Wänden des Holzhauses schnarchten die Männer, weiter hinten konnte Arminius das Vieh hören. Das Scharren der Hufe, das leise Meckern des Zähneknirschers. Es roch nach Stroh, nassem Fell und Rauch. Das Feuer in der Mitte des Raums war niedergebrannt, doch seine

Glut war bis zu seinem Lager zu spüren und warf noch ein klein wenig Licht.

Flavus neben ihm machte ein schnaufendes Geräusch und murmelte dann etwas im Schlaf, was nicht recht zu verstehen war. Es klang wie „Rom", vielleicht aber auch „Schnom", was allerdings keinen Sinn ergab.

Rom, das war für die Jungen des Dorfes nur ein Spiel. Rom bedeutete eine riesige Armee, Straßen und Lager und eine Waffengewalt, die alles bislang Dagewesene überstieg. Rom war spannend, und wer im Spiel Rom war, der gewann immer.

Aber Rom war auch etwas Ernstes, das hatte Arminius heute begriffen. So ernst, dass die Stimme seines Vaters auf dem Thing besorgt geklungen hatte. „Dann werde ich ihn zu den Römern schicken, ihn und seinen Bruder", hatte er gesagt.

Flavus drehte sich um. Sein Arm landete auf Arminius' Brust, und Arminius schob ihn vorsichtig beiseite, um seinen Bruder nicht zu wecken. Ein schreckliches, einsames Gefühl breitete sich in seinem Magen aus, stieg bis hoch in seine Kehle und nistete hinter seinen Augen, ein Gefühl wie feuriges Wasser.

Rom war so groß und er nicht stark genug: Wie sollte er dort nur leben? Wie konnte er Flavus dort beschützen?

Der Zähneknirscher meckerte im Dunkel.

Donar, wandte sich der Junge in Gedanken an den Donnergott, bitte mach, dass ich nicht nach Rom muss. Er stockte. Es war niemals gut, die Götter so direkt um etwas zu bitten, wenn man im Gegenzug nichts dafür zu geben hatte. Er dachte darüber nach, was er tauschen konnte. Sein Holzschwert vielleicht, oder seine Würfel. Er hatte auch ein paar geschnitzte Tiere, die er im Feuer opfern konnte, oder einen Bernstein an einem Lederband, den ihm seine Mutter gegeben hatte. Aber was sollte ein Gott schon mit einem Schmuckstein anfangen? Nein, es musste sein Holzschwert sein, sein wichtigster Besitz.

Wie zur Bestätigung hörte er den Zähneknirscher wieder meckern. Das Stroh raschelte, irgendwo quiekte eine Maus. Einer der Männer hustete.

Bitte lass nicht zu, dass mein Vater mich nach Rom schickt, betete Arminius weiter. Ich gebe dir mein Holzschwert dafür. Gleich morgen werde ich es für dich verbrennen.

So, das war abgemacht.

Doch noch immer gab der Ziegenbock im hinteren Teil des Hauses keine Ruhe. Ein schlechtes Zeichen.

Arminius beschloss, auf Nummer sicher zu gehen. Und wenn ich schon dorthin muss, fügte er hinzu, dann mach mich so groß und stark, dass ich über alles hinaussehen kann und von allen gesehen werde.

Nicht gerade ein bescheidener Wunsch, so viel war klar, und der Junge überlegte lange, ob ein Holzschwert so viel Wunsch wert war.

Flavus neben ihm schlief jetzt ruhiger. Arminius lauschte seinem Atem und dem Geräusch des Regens. „Che-rus-ker, Che-rus-ker", murmelten die Tropfen, und dann war er ebenfalls eingeschlafen. Im Dunkeln meckerte der Ziegenbock nicht mehr. Er schien zufrieden zu sein.

Die Ewige Stadt
Arminius erinnert sich

Arminius bekam Kopfschmerzen von Rom.

Er war früh aufgestanden, um Flavus zu treffen, doch schon jetzt war es nicht nur fürchterlich heiß, es stank auch zum Himmel. Von der anderen Seite des Tibers* wehte der Geruch der großen Gerbereien herüber, wo in Urin getauchte Blätter erhitzt wurden, um damit Tierhäute zu enthaaren. Dazu kamen die fauligen Gase der Cloaca maxima, des unterirdischen Entwässerungssystems, die sich in der Hitze des Tages immer mehr bemerkbar machten. Unerträglich wurde es jedoch, sobald er an einem der Becken vorbeikam, die die Walker* nachts vor ihre Betriebe stellten, um die „Spende" der Passanten zu sammeln: Sie benutzten Urin, um damit die schweren wollenen Gewänder zu reinigen, die man Toga nannte.

Auch Arminius trug an diesem Tag eine Toga, obwohl er sich möglichst keine Gedanken darüber machen wollte, wie sie wohl so weiß geworden war. Früher hatte er das traditionelle Gewand der Römer voll Stolz angelegt, bedeutete es doch, dass er jetzt römischer Bürger war. Inzwischen war es ihm nur noch zu warm.

Vor ihm trugen zwei schwarze Sklaven eine Sänfte*, und Arminius kam nur langsam voran. Mit seinen Sandalen trat er in eine schleimige Pfütze, und er fluchte insgeheim und wischte sich den Schweiß von der Stirn. Aus den hohen Mietshäusern links und rechts drangen Rufe und Gelächter auf die Straße, Hunde kläfften, kleine Kinder schrien, und aus den Garküchen drang das Geklapper von Geschirr.

Es war unmöglich, sich in diesem Durcheinander auf etwas zu konzentrieren, und so bemerkte er auch nicht den Mann im fahlgelben Mantel, der ihm in sorgsam bemessenem Abstand folgte.

Die Straßen wurden breiter und fester, und endlich betrat Arminius eine der mit Steinen gepflasterten Prachtstraßen, die von Säulentempeln, Palästen und öffentlichen Gebäuden aus Stein oder Ziegel gesäumt waren. Auch hier war es voll, doch nun ging es schneller voran, bis er schließlich den zentralen Platz Roms, das Forum Romanum*, erreichte.

Arminius blieb so plötzlich stehen, dass eine Frau mit einem Korb voll Äpfel gegen ihn lief. Sie öffnet den Mund, um ihn zu beschimpfen, überlegte es sich jedoch anders und ging in größtmöglichen Abstand um ihn herum.

Es war, wie er es seinerzeit mit Donar vereinbart hatte: Der Gott hatte ihn so groß werden lassen, dass er alles überblickte. Und er war so blond, dass er in Rom garantiert nicht übersehen werden konnte. Doch jetzt stand er staunend vor der Größe Roms:

Bis in den Himmel ragten die Säulen vor ihm auf, erhoben sich Kuppeln und Dächer, Bögen und Treppen, Tempel und Hallen. Auf behauenen Säulen reckten steinerne Götter Siegerkränze empor, übergroße Statuen zügelten Pferde, grüßten oder zückten ihre Schwerter, vier lebensecht aussehende Pferde hoch oben auf einem Tor zogen in wildem, erstarrtem Galopp einen Streitwagen. Hunderte Menschen wimmelten in diesem Labyrinth aus blendendem Weiß und bunt bemaltem Stein, aus Mosaik und Marmor, aus Linien, Formen und Farben, und sie alle waren ungeheuer laut. Ins Schreien der Händler mischte sich das Debattieren der Redner auf ihren Bühnen, das Flötenspiel und Rezitieren der Schauspieler untermalte das Werben der Politiker. Bettler gingen die Passanten um eine Münze an, und Quacksalber versprachen lauthals die Heilung von allerlei Leiden.

Es schien fast so, als ob ganz Rom sich heute und hier versammelt hätte.

Die meisten Männer trugen die Toga, wie es Kaiser Augustus angeordnet hatte, doch Arminius konnte auch mehrere Soldaten in Uniform und mit rotem Helmbusch sehen. Halbnackte Sklaven trugen Sänften über den Platz, ein Römer lenkte sein Pferd durch die Menge, und wer nicht aufpasste, konnte leicht über die Würfelspieler stolpern, die mitten auf dem Platz ihrem Vergnügen nachgingen.

Arminius rieb sich die Stirn. Jetzt musste er noch die Curia* Iulia finden, den Versammlungsort des Senats. Einen großen Ziegelbau an der nördlichen Spitze des Platzes hatte sein Bruder ihm beschrieben. Arminius sah zur gleißenden Sonne hoch, um herauszufinden, wo Norden war, und machte sich entschlossen auf den Weg.

Sein Schatten im gelben Mantel folgte ihm.

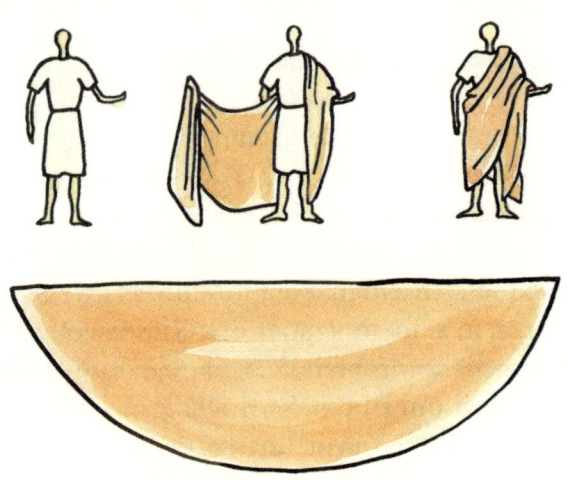

So wurde eine römische Toga um den Körper geschlungen.

Bei all dem Gedränge und den vielen Menschen kann es noch eine Weile dauern, bis Arminius seinen Bruder gefunden hat. Genug Zeit, sich die Toga genauer anzusehen, das Prunkstück römischer Kleidung.

Ein römischer Bürger zur damaligen Zeit steht nicht einfach auf und schlüpft in seine Sachen: Er legt sich den halbkreisförmig geschnittenen Stoff zurecht, faltet, wickelt und wirft, bis ihm der Schweiß auf der Stirn steht. Um danach noch mehr zu schwitzen, denn der Stoff ist aus schwerer Wolle. Zudem spielt der gleichmäßige Faltenwurf vor allem des Mittelstücks eine Rolle und verlangt dem Träger einiges an Sorgfalt, Zeit und Geschicklichkeit ab. Kein Wunder, dass die römischen Herren sich immer öfter nur einen Mantel über die Tunica* werfen – vor allem, wenn sie keinen Sklaven haben, der ihnen beim Anziehen hilft.

Kaiser Augustus versucht alles, um die laschen Sitten wieder in den Griff zu bekommen, und gibt Anweisung, dass wenigstens auf dem Forum und in dessen Umgebung das „Staatskleid" zu tragen sei. Schließlich geht es nicht nur um Tradition, sondern auch um

die gesellschaftliche Stellung: Arminius' Toga schmückt ein schma-
ler, purpurfarbener Streifen von ungefähr drei Zentimetern Breite
und zeigt damit an, dass er nicht nur Bürger, sondern auch Ritter
des römischen Reiches ist – ein in der Kaiserzeit hoher und Respekt
einflößender Titel.

Arminius bahnte sich einen Weg durch die Menge. Inzwischen war er fast so weit, seinem Bruder den Riesenwolf Fenrir persönlich an den Hals zu wünschen. Was für eine dumme Idee, sich auf dem Forum Romanum zu treffen, noch dazu zu dieser Stunde, in der es so heiß war! Ob Flavus überhaupt noch an die alten Götter glaubte, schoss es ihm durch den Kopf, als er sich durch eine Gruppe diskutierender Bürger schob. Jemand stieß ihn an, und Arminius blickte hinunter auf einen Zwerg, der sich wortreich und demütig entschuldigte, bevor er seine heruntergefallenen Bälle zusammensuchte, mit denen er eben noch jongliert hatte.

Aus den Augenwinkeln heraus meinte Arminius jemanden zu sehen, der ihm entfernt bekannt vorkam, doch als er sich zu dem Mann im gelben Mantel umdrehte, war der verschwunden.

Nein, das war wohl nur ein Irrtum. Wen sollte er hier schon kennen? Er war ja schon froh, wenn er seinen eigenen Bruder wiederfand. Wo steckte Flavus bloß?

„Arminius", hörte er mit einem Mal eine Stimme, und sein Herz wurde groß. Da war er, sein „kleiner" Bruder, den er inzwischen nur noch um höchstens zwei Fingerbreit überragte. Sein Haar leuchtete ebenso hell wie das von Arminius, und auch er trug eine Toga, wenn auch keine mit purpurnen Streifen.

„Salve", lachte er schon von Weitem, als er sich zu dem Älteren durchkämpfte.

„Salve?", fragte Arminius, nachdem sich die Brüder umarmt hatten, und zog eine Augenbraue hoch. „Bist du schon ganz und gar ein Römer geworden?"

Flavus zwinkerte ihm zu. „Wer wollte denn immer Römer sein, als wir noch klein waren? Ich kann mich noch gut daran erinnern, wie du dich mit Ragin darum geschlagen hast. Und sieh dich jetzt an." Er deutete auf Arminius' Toga. „Ein römischer Ritter. Davon hätten wir als Kinder nicht zu träumen gewagt."

„Nein, das ist wohl wahr", erwiderte Arminius. Er hörte die Bewunderung, die in der Stimme des Bruders lag, und sie dämpfte seine Wiedersehensfreude. Sorgfältig musterte er den Jüngeren, das braungebrannte Gesicht, die hellen Augen, die blonden Locken, die er nach römischer Art kurz trug. Dann schob er sein Unbehagen beiseite: Wie lange schon hatte er sich auf das Wiedersehen gefreut! „Lass uns irgendwo in den Schatten gehen. In dieser Sonne wird man ja bei lebendigem Leib geröstet."

Wieder musste Flavus lachen. „Immer noch nicht an die Sonne Roms gewöhnt?", fragte er, während sie langsam weitergingen.

„Ebenso wenig wie an seine Sitten und Gebräuche."

„Was? Sag bloß, du magst die Stadt nicht?"

„Ich mag sie nicht am Tag und noch weniger in der Nacht", erwiderte Arminius. Nachts rumpelten die Karren der Händler übers Pflaster, die am Tag nicht fahren durften, und die Kutscher drängelten und stritten sich und warfen sich lauthals die übelsten Verwünschungen an den Hals.

„Man lernt eine Menge schöne lateinische Ausdrücke von den Händlern", erwiderte Flavus grinsend, der sofort wusste, auf was sein Bruder anspielte. „Matella, Pisspott, kannte ich ja schon, oder cacator, Kacker, aber erst gestern Nacht habe ich die schöne Formulierung ‚sentina rei publicae', Jauche des Staates, gehört …"

Arminius erwiderte nichts. Er verzog nicht einmal das Gesicht zu einem Lächeln.

„Es gibt so vieles in Rom, was einem gefallen kann. Was ist mit den Badehäusern? Den gepflasterten Straßen? Den Speisen oder dem wunderbaren Wein?"

„Den die Römer mit Wasser trinken und in den sie beinah ebenso viel Gewürze hineintun wie in ihr Essen."

„Und die Spiele, Bruder? Du wirst doch nicht sagen, dass du auch die verachtest?" Flavus war stehen geblieben und sah Arminius erstaunt an.

Ja, die Spiele. Die hatten auch ihn anfangs fasziniert. Die Kämpfe der Gladiatoren, die wilden Tiere, die in der Arena aufeinandergehetzt wurden, die Wagenrennen. Doch dann waren ihm mehr und mehr Zweifel gekommen. Nicht, dass ihm die Bären und Löwen etwa leid taten oder die Sklaven, die sich auf Leben und Tod schlugen, das nicht. Aber es kam ihm vor wie … Verschwendung. Ja, das Wort traf es vielleicht am besten. Ein oder viele Leben zu opfern, um etwas zu erreichen, fand er selbstverständlich. Aber dies nur zu tun, damit andere sich amüsierten?

Arminius schüttelte den Kopf. „Spiele sind etwas für Kinder", sagte er. „Genau wie Badehäuser und diese Gelage, bei denen man stundenlang auf einer Liege ausharren und essen muss. Es gibt Menschen wie diese", er machte eine ausholende Geste in Richtung des Platzes, „und es gibt Menschen, die kämpfen. Und für mich steht völlig außer Frage, wer Rom so groß gemacht hat."

Flavus wollte etwas einwenden, überlegte es sich jedoch anders. „Wir kämpfen doch auf derselben Seite, Arminius", sagte er, und seine Stimme klang fragend.

Arminius nickte. „Das tun wir, Flavus. Und mögen uns die Götter davor behüten, dass es einmal anders sein wird."

Arminius und Flavus kämpfen auf derselben Seite, sie kämpfen beide für Rom.

Es ist tatsächlich so gekommen, wie Segimer vorausgesagt hat. Im Jahr 4 oder 5 n. Chr. gibt der Cherusker seine Söhne in den römischen Heerdienst. Das Bürgerrecht haben sich die beiden entweder dort erworben oder aber von ihrem Vater geerbt: Mit solchen Aus-

zeichnungen versuchen die Römer, die fremden Stammesfürsten an sich zu binden. Den Rang eines Ritters allerdings hat Arminius sich wahrscheinlich selbst, als Kommandeur einer Hilfstruppe in Pannonien*, erstritten: Die dortigen Stämme kämpften ab 6 n. Chr. drei blutige Jahre lang gegen die Römer.

Die Hilfstruppen, sogenannte Auxiliareinheiten, sind eine kluge Erfindung von Kaiser Augustus. Sie bestehen in der Regel aus 500 bis 1 000 Mann und werden von einem verdienstvollen Stammesmitglied befehligt. In ihnen können die jungen Leute aus den besetzten oder eingemeindeten Gebieten, den „Provinzen", Geld verdienen und sich beweisen: Der Dienst in der römischen Armee wird durchaus als ehrenvoll, vor allem aber als einträglich angesehen. Nach Ablauf der Militärzeit, also nach 25 Jahren, erhalten die Hilfssoldaten dann ein Militärdiplom und das römische Bürgerrecht. Im Gegenzug verleibt sich die römische Armee die verschiedenen Kampfstile ein: mit den Arabern beispielsweise die Geschicklichkeit, zu Pferd zu kämpfen, oder mit den Syrern das Bogenschießen.

Arminius hat recht: Das Militär hat Rom groß gemacht. Und er weiß inzwischen, warum sein Vater ihn einst hierher schickte: Nur wer das römische Heer kennt und seine Art zu kämpfen versteht, wird ihm eines Tages etwas entgegenzusetzen haben. Wenn die Zeit dafür gekommen ist.

„Die Zeit ist gekommen", sagte Arminius mit gedämpfter Stimme. „Wir haben es gesehen. Es gibt Stämme, die Rom widerstehen."

„Nenne mir einen." Flavus flüsterte fast. Ihm war nicht wohl in dieser Umgebung, ihm war nicht wohl bei dem warmen, süßen Wein und schon gar nicht wohl war ihm mit dem Gegenstand ihres Gespräches. In der Taberna* waren nur wenige Tische besetzt. Ein paar Händler diskutierten den Preis von Fisch, während ein Ehepaar, dem Aussehen nach Reisende aus einer anderen Provinz, sich lautstark über den Ankauf von mehreren Sklaven stritt. Ganz

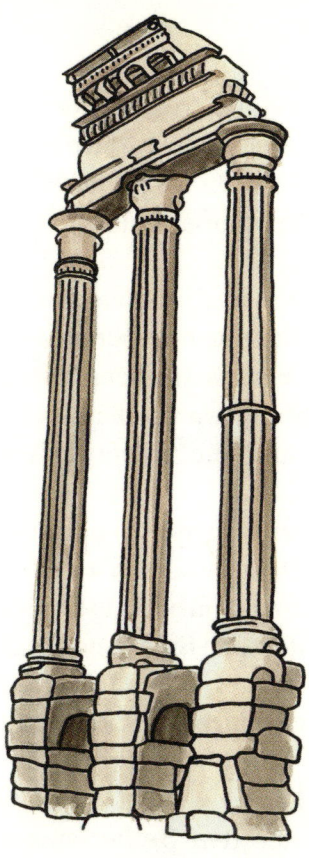

Noch heute sind die Ruinen des Forums in Rom beeindruckend.

hinten, im Halbdunkel, saß still ein Mann in einem gelben Mantel und ließ sich Wein nachschenken.

„Marbod." Obwohl Arminius leise gesprochen hatte, zuckte Flavus zusammen. „Die Markomannen haben sich den Römern nicht unterworfen. Zwölf Legionen* sind gegen ihn gezogen, und sein Königreich besteht immer noch."

Flavus' Stimme war eindringlich. „Weil es gar nicht erst zum Kampf kam. Der Aufstand in Pannonien kam dazwischen, der war wichtiger, er musste als Erstes niedergeschlagen werden. Der Aufstand, bei dem übrigens auch wir an der Seite Roms standen und immer noch stehen. Marbod hatte einfach Glück."

25

„Glück?" Arminius zog die Stirn kraus. „Das war schon mehr als das. Das war Fügung." Er beneidete Marbod: Man konnte es in seiner Stimme hören. Glück gehörte seiner Meinung nach ebenso zu den Eigenschaften eines großen Führers wie Kampfkraft und Schläue.

„Und ausgerechnet du willst es ihm gleichtun?" Wieder sah sich Flavus nervös um. Eigentlich war es Bürgern ihres Standes nicht erlaubt, sich in Kneipen herumzutreiben. Noch weniger erlaubt und bei Todesstrafe verboten waren die Überlegungen, die sein Bruder gerade anstellte und die nichts anderes bedeuteten als Hochverrat.

„Ich weiß es nicht", erwiderte Arminius und drehte nachdenklich den billigen Becher aus Ton in seinen Händen. „Nicht nur die Markomannen stehen hinter Marbod, auch viele andere Stämme haben sich ihm angeschlossen. Er hat es geschafft, sie zu vereinen."

„Bei Jupiter, wir schaffen es nicht mal, Segestes zu treffen, ohne dass wir uns gleich die Köpfe einschlagen wollen, und der ist immerhin auch ein Cherusker."

„Bei Jupiter?" Arminius ließ den Becher sinken und sah seinen Bruder nachdenklich an. Jupiter war ein römischer Gott.

Flavus wurde rot. „Bei welchen Göttern auch immer."

Arminius beugte sich so schnell vor, dass Flavus unwillkürlich zurückwich. „An was glaubst du eigentlich, kleiner Bruder?"

Flavus antwortete nicht.

„Kannst du dich noch an unsere Mutter erinnern? Unseren Vater? An unseren Freund Ragin mit dem roten Haar, der dich immer in Schutz genommen hat? Den Zähneknirscher, vor dem wir beide Angst hatten? Wie wir zusammen gespielt haben?"

Flavus sah ihn an, und seine blauen Augen wurden dunkel. Er erinnerte sich schon, so einigermaßen zumindest. Doch besser erinnerte er sich an das erste Würfelspiel, das er gewonnen, an die Streiche, die er seinem Lateinlehrer gespielt hatte, und an die köstlichen Haselmäuse, die er für sein Leben gern aß. Er dachte gern zurück an so manche Nachmittage in einem der vielen Badehäuser, die von Diskussionen und gelehrten Vorträgen begleitet worden waren, oder aber die nächtelangen Essen mit Musik und Tanz bei seinen Freunden. Germanien, wie auch er es inzwischen nannte, war eine kalt gewordene Erinnerung, erwärmt allein durch das Gesicht seiner Mutter. Seine Mutter, ja. Die würde er gern noch einmal sehen. Also nickte er, sagte „ja" und legte so viel Zuversicht wie er konnte in seine Stimme. „Ich erinnere mich."

Arminius lehnte er sich wieder zurück. Er selbst hatte noch etwas ganz anderes nicht vergessen. Nur zu gut konnte er sich die Worte seines Vaters ins Gedächtnis rufen: „Du wirst zurückkehren und der sein, der du bist: ein Cherusker."

Würde auch Flavus aus Rom zurückkehren? Würde auch er wieder der sein können, der er eigentlich war?

„Wollen wir es dabei belassen", sagte er zu seinem Bruder und versuchte, diese düsteren Gedanken beiseite zu schieben. Er lächelte ihm zu und hob seinen Becher. „*Evivas*, Flavus."

Flavus wiederholte den Trinkspruch. *Evivas*: Du sollst leben.

Keiner von beiden konnte wissen, dass es das letzte Mal war, dass sie so friedlich zusammensaßen. Bei ihrer nächsten Begegnung sollten sie sich gegenseitig alles andere wünschen als ein langes Leben.

Die Gesichter des Janus
Arminius macht einen Besuch

Der Mann im gelben Mantel hatte es eilig.

Es regnete seit dem frühen Morgen, und inzwischen war seine Kleidung schwer von Nässe. Immer wieder musste er sich das Wasser aus den Augen reiben, um eine der Landmarken erkennen zu können, die ihm den Weg zum Dorf zeigten. Tief über den Rücken seines Pferdes geduckt, suchte er sich einen Weg durch das Dickicht.

Schon am Palisadenzaun des gut gesicherten Dorfes ließ er sich vom Pferd gleiten, das er einem vor Schmutz starrenden Burschen mit dem Auftrag in die Hand drückte, bloß gut darauf aufzupassen, wenn ihm sein Leben lieb sei. Den Sklaven, der ihm den Weg zum Langhaus des Stammesfürsten weisen wollte, stieß er weg.

„Ich weiß wohl, wo es langgeht", knurrte der Fremde.

Mit raschen Schritten eilte er auf die höchste Stelle des Dorfes zu. Segestes begrüßte ihn schon an der Tür. „Sigurd, wie schön."

„Ich heiße nicht mehr Sigurd", erwiderte der Mann scharf und warf sich seinen Mantel über die Schulter. „Man nennt mich jetzt Flaccus."

Segestes verzog keine Miene, auch wenn es ihm schwerfiel. „Dann also Flaccus. Komm herein, du bist willkommen." Er geleitete ihn ins Innere des Hauses, nahm ihm den Mantel ab und ließ ihn auf einer der Bänke Platz nehmen, die tagsüber als Sitzgelegenheit und nachts als Schlafstätte dienten. Seiner Tochter Thusnelda befahl er, Bier und trockene Decken zu bringen und auch das Feuer zu schüren, damit dem Gast warm werde. Dann wandte er sich ihm zu.

„Es gibt Neuigkeiten, nehme ich an", sagte der Stammesfürst. Er strich sich über den Bart, der inzwischen mehr grau als rot war. „Arminius ist zurück", erwiderte der Gast.

„Das weiß ich."

„Er trägt seinen Schlachtpfeil von Gehöft zu Gehöft, von Siedlung zu Siedlung, und die Römer ahnen nichts davon."

Segestes nickte bedächtig. „Auch hier ist er schon vorbeigekommen, wollte mich für seinen Plan gewinnen." Er unterbrach sich und wartete, bis Thusnelda dem Gast eine Decke aus feiner Wolle und einen Becher Bier gereicht hatte. Erst nachdem sie zwei Scheite Holz ins Feuer gelegt hatte und im hinteren Teil des Hauses verschwunden war, sprach der Alte weiter. „Es ist eine verlorene Sache. Niemand wird ihm folgen."

„Sag das nicht, Segestes." Der Gast trank einen Schluck und wischte sich über den Mund. „Schon einmal haben sich germanische Stämme im Kampf gegen einen Feldherren vereint."

Jetzt musste Segestes doch lächeln. „Germanisch? So, so. Es scheint mir, dass du inzwischen zum Römer geworden bist."

Der Gast, der sich Flaccus nannte, reckte sich. „So wie du, Segestes, es schon immer warst."

Segestes' Blick wurde hart. „Es ist wahr: Ich glaube an die Stärke der Römer, an ihre unüberwindliche Macht. Weiterhin wahr ist, dass man mich Freund der Römer nennt, doch noch bin ich Cherusker, so wie Arminius auch."

Er versuchte, seiner Stimme etwas von ihrer Schärfe zu nehmen, um sein Gegenüber nicht zu verärgern. „Und du hast natürlich auch recht, Sigurd, äh, Flaccus, dass unser Stamm, dass die Sugambrer, Tenkterer und andere in der Vergangenheit immer wieder gegen den Römer Drusus und seine Armee kämpften. Und verloren haben."

Flaccus nickte. „Einige von ihnen stehen auch jetzt an Arminius' Seite."

„Was ist mit den Chatten? Den Chauken? Doch am wichtigsten: Was ist mit den Markomannen?"

„Nichts, soweit man hört. Marbod lässt sich nicht vor Arminius' Karren spannen. Nicht, solange er nicht selbst die Zügel in der Hand halten darf."

Segestes strich sich wieder den Bart. „Eine verlorene Sache, wie ich schon sagte." Er stand auf und nahm seinem Gast den Becher aus der Hand. „Am besten, ich lasse dir von einem meiner Sklaven eine Unterkunft zeigen, damit du deine Sachen trocknen kannst. Und natürlich wird es dir zu Ehren nach Sonnenuntergang ein üppiges Festmahl und auch ein wenig Met* geben." Mit diesen Worten geleitete er den Gast hinaus.

Zufrieden stand er unter dem schützenden Dach seines Hauses und sah ihm und dem Sklaven nach, wie sie im strömenden Regen davoneilten.

Thusnelda trat neben ihn. „Wer war denn das?", fragte sie neugierig.

„Ein Niemand", erwiderte ihr Vater. „Ein Kundschafter, den ich nach Rom geschickt hatte, um Arminius, den Sohn meines Widersachers Segimer, im Auge zu behalten."

Das hätte er ihr nicht erklären müssen: Thusnelda wusste nur zu gut, wer Arminius war. Bei seinem letzten Besuch hatten die beiden lange miteinander geflüstert, als alle anderen im Haupthaus schon tief geschlafen hatten. Sie spürte, wie ihre Wangen sich röteten.

Segestes in seiner Selbstzufriedenheit merkte nichts davon. „Der arme Sigurd", fuhr er fort. „Er ist so lange in Rom gewesen, aber Lateinisch gelernt hat er anscheinend nicht: Er nennt sich jetzt Flaccus."

„Und?" Thusnelda fächelte sich mit einer Hand Luft zu, um die verräterische Röte abklingen zu lassen.

Segestes lächelte sie an. „Flaccus bedeutet Schlappohr."

Ein gewöhnliches ger-
manisches Gehöft war
wohl nicht ganz
so stattlich wie dieses.
(Rekonstruktions-
zeichnung aus den
1930er Jahren)

Arminius ist zurück. Und eifrig dabei, befreundete Stämme auf
einen Kampf gegen die Besatzer einzuschwören, was den Römern
anscheinend nicht auffällt. Im Gegenteil: Die halten Arminius nach
seinen Verdiensten auf dem Schlachtfeld für einen Freund und wissen nicht einmal, dass sie in „Germanien" noch Krieg führen – das
Gebiet ist ja schon erobert.

So denken zu der Zeit viele, vor allem aber Kaiser Augustus, seine
Berater und der frischgebackene Oberbefehlshaber über die Legionen an der rheinischen Grenze, Publius Quinctilius Varus. Die Er-
oberung war Schritt eins. Jetzt muss das Gebiet nur noch gesichert
und als reguläre Provinz in das Römische Reich eingegliedert werden. Schritt zwei besteht also darin, Steuern einzutreiben und die
römische Rechtsprechung einzuführen. Und wenn das erst einmal
erfolgt ist, kommt Schritt drei von ganz alleine: die Begeisterung
für römische Errungenschaften und Lebensart und das Glück, sich
Römer nennen zu dürfen.

Manche Völker sind schwieriger zu beglücken als andere, das hat
schon der Aufstand der Pannonier gezeigt. Also legen die Römer
als Allererstes Militärlager im eroberten Gebiet an, und diese Lager
sind wahrhaft gigantisch. Innerhalb einer Verteidigungsanlage mit
starken Mauern aus Holz und Erde, zwei Gräben und genügend
Wachposten liegt eine mittelgroße Stadt mit Straßen, Häusern für

die Kommandanten, Unterkünften der Soldaten, Ställen, Speichern, einer eigenen Schmiedewerkstatt und einer Töpferei sowie einem Lazarett. Mehrere Legionen können in solch einem Militärlager untergebracht werden, und eine Legion zählt (mit allen Sondereinheiten) immerhin mehr als 6 000 Mann. Niemand, der auch nur einen Funken Verstand hat, würde so ein Lager angreifen.

Im Jahr 9 n. Chr., als Arminius genügend Verbündete gesammelt hat, sind die 17., die 18. und die 19. Legion unter Varus in solch einem Sommerlager auf besetztem Gebiet stationiert.

Der Statthalter* sieht seine Aufgabe laut kaiserlichem Befehl vornehmlich darin, mit kleineren Trupps herumzureiten, Gericht zu halten, Steuern einzutreiben und unter den wilden „Germanen" auch sonst nach dem Rechten zu sehen – was er mit unerbittlicher Härte, mit Bestrafungen und Hinrichtungen auch tut. Jetzt rüsten sich seine drei Legionen, um in die Winterlager an der römischen Grenze zurückzukehren. Für dieses Jahr ist Schluss mit der Arbeit.

Ein Augenblick, auf den Arminius gewartet hat. Er wird dem Statthalter einen Besuch abstatten. Und er wird dafür zum allerletzten Mal seine Toga anlegen.

„Arminius, mein Freund." Der Statthalter Publius Quinctilius Varus kam mit ausgebreiteten Armen auf ihn zu und fasste ihn an den Schultern. Er war ein untersetzter Mann mit rosigen Wangen, und seine dunklen Augen musterten den Besucher eindringlich. „Gut siehst du aus. Das wilde Leben scheint dir zu bekommen."

Arminius lächelte schief.

„Und wer ist das da? Willst du mir deinen Barbarenfreund nicht vorstellen?"

„Das ist Ragin, ein Freund aus Kindertagen", kam Arminius der Aufforderung nach.

„So." Varus musterte den Hünen mit den langen, roten Haaren. „Was ich schon immer wissen wollte, Arminius", und er senkte

Römischer
Offizier

seine Stimme, als ob Ragin das Latein, das sie sprachen, verstehen könnte, „waschen sich diese Burschen überhaupt einmal? Oder kratzen sie sich den Dreck einfach ab, nachdem sie sich im Schlamm gewälzt haben wie die Schweine?"

Arminius, der wusste, wie viel Sorgfalt seine Männer allein auf die Pflege ihrer Haare verwandten, erstarrte. Dann zwang er sich zu einem Lächeln. „Natürlich haben sie keine Bäder wie die römischen, aber sie benutzen zum Waschen etwas, das sich ‚Seife‘ nennt. Und ich habe einige von ihnen sogar schon einmal dabei beobachten können, wie sie sich kämmten."

„Erstaunlich", erwiderte Varus und blickte wieder neugierig zu Ragin hinüber. „Nun, wie auch immer. Komm näher, komm näher." Er stolzierte hinter den großen Tisch und ließ sich schwer auf den Sessel dahinter fallen. „Was führt dich zu mir?"

Ragin blieb neben der Leibwache am Eingang stehen, die ihn nicht aus den Augen ließ, während Arminius dem Statthalter folgte. Er raffte seine Toga, setzte sich auf einen der Schemel und begutachtete den reich verzierten Tisch mit den gedrechselten Beinen und

Füßen, die Löwenköpfe darstellten und sich tief in einen weichen Teppich gruben. Ein vierarmiger Kandelaber* stand auf einer mit einem Januskopf geschmückten Truhe.

Janus, wie passend, musste Arminius denken. Der römische Gott mit dem Doppelgesicht verkörperte zwei verschiedene Seelen, die in einer Person vereint waren und sich doch aufs Äußerste bekämpften. Er räusperte sich. „Es scheint dir gutzugehen, Varus."

„O ja." Der Statthalter streckte genüsslich die Beine von sich. „Wir sind dabei aufzubrechen, wie du vielleicht schon gesehen hast. Die Germanen verhalten sich ruhig und bald …" Er sah Arminius' bekümmerte Miene und stockte. „Nicht? Hast du etwas anderes gehört?"

„Vielleicht nichts von Belang. Ein paar Barbaren, die sich wichtig machen. Etwas, das man auch im nächsten Jahr erledigen kann."

Varus wirkte alarmiert. „Ein Aufstand? Wo?" Mit einem Wink ließ er eine Karte herbeischaffen und breitete sie auf dem Tisch aus.

Arminius beugte sich vor und zeigt auf eine bestimmte Stelle. „Es ist nicht weit; man könnte es sozusagen auf dem Heimweg erledigen."

Der Statthalter runzelte die Stirn. „Das ist keine unserer gewöhnlichen Marschrouten. Keiner unserer befestigten Wege. Dort gibt es keine Wachtürme und keine Posten. Mit einer Kohorte* ist dieser Weg zu bewältigen, nun gut. Aber mit drei kompletten Legionen?"

„Allein das Geräusch der Tritte deiner Soldaten wird die Aufständischen vor Schreck das Weite suchen lassen." Arminius wartete, während Varus überlegte. Die Öllampen um ihn herum verströmten einen unnatürlich blumigen Geruch, und er musste daran denken, dass er beim ersten Mal, als er in Rom Parfüm gerochen hatte, davon überzeugt gewesen war, die Einwohner hätten sich sicherlich in Blumen gewälzt. Trotz seiner Anspannung musste er lächeln.

Auch über das Gesicht des Statthalters huschte ein Lächeln, wenn auch aus anderem Grund. „Es liegt ja praktisch auf dem Weg",

sagte Varus und klatschte in die Hände. „Und wer würde es schon
wagen, drei römische Legionen anzugreifen?"

„Ja, wer schon?", fragte Arminius, und seine Augen blitzten.

Prachthelm eines
römischen Legionärs

„Hat er es geschluckt?", fragte Ragin leise, kaum dass sie das Haus
des Statthalters verlassen hatten.

„Ich denke schon." Auch Arminius senkte die Stimme, obwohl es
unwahrscheinlich war, dass einer der Männer um sie herum sie verstand. Das Lager wimmelte von Leben. Überall wurden Sachen ge-
packt, Karren beladen, Waffen geputzt und Helme blank gescheu-
ert. Aus der nahe gelegenen Schmiede schlugen die Funken, Pferde,
Ochsen und Maultiere wurden herangeführt, Befehle gebrüllt. Eine
Gruppe Soldaten marschierte mit vollem Gepäck, Schilden und
Speeren auf sie zu, und sie gingen zur Seite, um sie vorbeizulassen.
Ragin konnte nur staunen. Er betrachtete den Zenturio* mit dem
quer gestellten Helmbusch, dem Schuppenpanzer und den Bein-
schienen, der der Einheit mit einem dünnen Stock in der Hand
voranging. Die Soldaten trugen ebenfalls Panzer und Helme mit
Nackenschutz und Wangenklappen. Ihre linke Hand hielt einen
Stock mit ihrem Gepäck über der Schulter, über der auch der
schwere Schild hing. In der rechten Hand hatten sie je zwei Wurfspeere, zudem trugen sie ein kurzes Schwert am Gürtel.

„Das ist doch nicht dein Ernst, Arminius", sagte Ragin, der zwar
schon einige römische Soldaten aus der Nähe gesehen hatte, dem

jedoch zum ersten Mal klar wurde, was für eine Übermacht er vor sich hatte. Ein Mann mit prächtig dekoriertem Helm ritt vorbei, und Ragin konnte einen guten Blick auf das gefährliche Langschwert an seiner Seite werfen.

„Ich weiß, was ich tue", erwiderte der Freund. Plötzlich fasste er ihn gewaltsam am Arm und zog ihn mit einem Ruck hinter das nächste Gebäude.

„Was soll das?" Ragin rieb sich den Arm.

„Segestes", zischte Arminius.

Vorsichtig lugten die beiden um die Ecke. Und tatsächlich: Gerade stiegen Segestes und ein Mann in einem gelben Mantel von ihren Pferden.

„Hab ich den nicht schon einmal gesehen?" Arminius runzelte die Stirn.

„Den Gelben? Das ist Sigurd, der Sohn deiner Tante. Wir haben als Kinder zusammen gespielt, weißt du nicht mehr? Du hast mal euren Ziegenbock auf ihn gehetzt."

„Sigurd?" Arminius konnte sich vage erinnern. „Und was tut er hier?"

„Er gehört jetzt zum Stamm von Segestes. Aber wichtiger ist doch, was der Alte hier will."

„Oh, das ist wahrlich kein Geheimnis. Komm." Wieder zog Arminius den Freund am Ärmel. „Er sollte uns hier nicht sehen."

So unauffällig wie möglich bogen die Männer auf eine der schnurgeraden Straßen ab, die zu den Unterkünften der Soldaten und dem Lazarett führte. Überall, wo sie vorbeikamen, wurde Arminius höflich gegrüßt, den die meisten angesichts seiner Toga für einen wichtigen Abgesandten Roms hielten. Seinen Begleiter hingegen beäugten sie misstrauisch.

Als Ragin sein Pferd aus den Ställen geholt hatte und die beiden in Richtung Tor gingen, sprach Arminius weiter. „Segestes wird zweifelsfrei hier sein, um Varus zu warnen."

Ragin stolperte vor Schreck. „Was? Das kann er nicht tun."

„Oh, er tut es gerade." Arminius schritt kräftig aus.

„Aber das ist … das ist Verrat!"

Arminius blieb stehen und breitete die Arme aus. „Wem, denkst du, wird Varus wohl glauben? Einem römischen Ritter, der sich viele Verdienste für sein Land erworben hat, oder einem dahergelaufenen Germanen?"

Ragin zuckte die Schultern. „Auch Segestes hat das Bürgerrecht. Er gilt seit jeher als Römerfreund."

„Er mag als Römerfreund gelten", sagte Arminius und lächelte kalt. „Aber ich, Ragin, ich *bin* Römer." Noch immer hatte er die Arme erhoben. In seiner Toga sah er aus wie eine der aus Stein gemeißelten Statuen, die die Römer so mochten und überall aufstellten. Nur seine Augen funkelten und zeigten, dass er sehr wohl lebendig war.

Ragin nickte nachdenklich. Vielleicht, so irrwitzig er auch war, konnte der Plan doch klappen.

Segestes warnt Varus vor Arminius, und Varus glaubt ihm nicht. Bei allen Fehleinschätzungen und Unterlassungen, die die Geschichtsschreiber Varus später vorwerfen werden, ist das wirklich einer seiner größten Fehler.

Aber Varus ist Römer. Davon abgesehen, dass er die Stämme, die er „Germanen" nennt, sträflich unterschätzt und auch noch geringschätzt, achtet er doch alles, was mit dem Militär zu tun hat. Mehr als das: Er glaubt daran. So wie jeder Soldat an seine Einheit glaubt, was man schon daran sieht, dass die Adler, die einer Legion vorangetragen werden, als Heiligtümer gelten. Sie im Kampf zu verlieren ist eine große Schmach.

Arminius hat einen hohen militärischen Rang und ist damit Teil der römischen Armee. Es steht für Varus somit außer Frage, wem er mehr Glauben schenkt: einem ruhmreichen Befehlshaber oder ei-

nem dahergelaufenen, x-beliebigen Bürger. Voller Vertrauen erteilt er Arminius wahrscheinlich sogar den Auftrag, weitere Hilfstruppen zu sammeln.

Besser könnte es für Arminius nicht kommen: Er reitet der Armee voraus, wie ihm aufgetragen wurde. In einem Abstand von nur wenigen Tagesmärschen folgen ihm an die 30 000 Römer; ein kilometerlanger Zug, der tiefer und tiefer ins Land der Cherusker eindringt.

Arminius zog den kleinen, silbernen Topf an seinem Stiel aus dem Feuer. „Den nennen die Römer Kasserolle", erklärte er Ragin, der neben ihm saß und zusah. „Das Essen schmeckt so zubereitet viel besser." Er tunkte sein Brot in den mit Pökelfleisch versetzten Haferbrei und bedeutete Ragin, es ihm gleichzutun.

Sie saßen zusammen unter seiner Toga, die sie als Schutz gegen den Regen zwischen die Bäume gehängt hatten. Hier und da konnte man die Feuer ihrer Stammesangehörigen sehen, die ihm in der Hilfseinheit unterstellt waren.

„In Rom", sagte Arminius kauend, „würden sie noch Garum hineinmischen. Das ist eine Würzpaste aus verrottetem Fisch und allem Möglichen. Sie stinkt fürchterlich, aber du würdest nicht glauben, wie gut sie schmeckt."

Ragin erwiderte immer noch nichts. Er tunkte vorsichtig sein Brot in den Topf, so wie Arminius es ihm gezeigt hatte, und roch daran. Erst dann schob er sich den Brocken in den Mund.

„Jetzt fehlt nur noch ein bisschen Wein. Sie mischen ihn zwar mit Wasser, aber manche schmeckten gar nicht mal so übel. Ich kann mich da an einen Tropfen erinnern …"

„Warum?", unterbrach Ragin ihn.

Arminius hörte auf zu kauen. „Warum was?"

„Ich höre Bewunderung in deiner Stimme, Bewunderung für Rom. Ich habe gesehen, wie du mit diesem Kerl, diesem Varus, gegessen hast, wie ihr getrunken habt und gelacht. Die Männer in dem

Lager hatten Respekt vor dir. Sie haben dich gegrüßt. Ich frage dich also: Warum tust du das?"

Arminius stellte den Topf zurück aufs Feuer. Er erwiderte lange Zeit nichts. Hörte dem Regen zu, lauschte den Stimmen der anderen Krieger.

„Weißt du", begann er dann, „was die Römer antworten, wenn du sie fragst, warum sie immer mehr Land erobern, sich ausbreiten, immer weiter vordringen, in jeden noch so entlegenen Winkel, die Männer töten und die Frauen und Kinder als Sklaven verkaufen? Wer ihnen das Recht dazu gibt? Die Götter. Das ist ihre Erklärung: Jupiter habe ihnen ein Reich ohne Grenzen versprochen. Wer in diesem Reich leben will, muss sich anpassen. Wer nicht, der wird gnadenlos zerstört." Er schwieg.

„Unsere Götter sind andere, Ragin", fuhr er schließlich fort, „und es ist schwierig zu wissen, was sie wollen und was nicht. Also stehen wir allein. Wir können vieles nur raten, und in so vielem sind wir unsicher. Ich weiß nicht, wie unser Kampf ausgehen wird. Ich weiß nicht, ob ich meinen Bruder wiedersehe oder ob ich dich, meinen Freund, bald zu Grabe trage. Ich weiß nur eines sicher, und das schon von Kindesbeinen an. Seit ich als Kind einen Hügel emporgeklettert bin und die Männer beim Thing sah: Ich weiß, wer ich bin. Ich bin ein Cherusker."

Arminius musste an den römischen Janus denken mit den zwei Gesichtern und den zwei Seelen, die in seiner Brust kämpften. Er hatte stets gefunden, dass er der Traurigste unter allen Göttern war.

„Ich bewundere die Römer für vieles, das tue ich immer noch", sagte er leise, „und ich wünschte manchmal, es wäre anders. Wenn ich sie doch nur hassen könnte …" Die Worte versiegten. Es gab nur noch die Nacht und die Regentropfen, die „Che-rus-ker" auf die Blätter murmelten.

Wotans Raben
Arminius und die Schlacht im Teutoburger Wald

Arminius lag auf dem Rücken und beobachtete zwei Raben, die auf einem Ast saßen und sich um ein Stückchen Aas stritten. Er vermutete, dass die Vögel sich schon bald am Fleisch der Gefallenen sattfressen würden. „Was meinst du", fragte er Ragin, der neben ihm auf dem Bauch lag und über den Wall hinwegsah, und er deutete nach oben. „Ob das Wotans Späher sind, Hugin und Munin, die für ihn die Welt erkunden?"

Ragin, dem man die Anspannung anmerkte, blickte nur unwillig auf. „Kann sein", murmelte er und beobachtete wieder den Weg unter sich.

„Heute Abend werden sie ihrem Gott allerhand zu berichten haben", fuhr Arminius fort.

„Hm", macht Ragin. Er hielt die angespitzten Framen* neben sich so fest umklammert, dass seine Knöchel weiß hervortraten.

„Du wirst ihn um vieles früher hören, als du ihn sehen wirst, mein Freund. Den mächtigen Heerwurm, wie er sich durch den Wald frisst, den Weg entlangwalzt und sich dann unter unserer Nase hindurchzuschlängeln versucht. Du wirst ihn schon hören."

Ragin ließ die Speere los und schüttelte die verkrampfte Hand. „Dass du so ruhig bleiben kannst, Arminius."

Arminius fischte ein Stück Brot aus seinem Beutel und warf es in Richtung eines der Vögel, der es geschickt auffing. „Es liegt alles hinter mir. Unsere Kindheit, meine Ausbildung in Rom." Kurz tauchte Flavus' Gesicht vor seinem inneren Auge auf. Flavus, der

nicht zurückgekehrt war, der immer noch für die Römer in Pannonien oder einem anderen Land kämpfte. „Die Überredungskunst, die es bedurfte, diese Männer hier zu versammeln", fuhrt er fort, „und selbst der Verrat." Auch dem anderen Vogel warf Arminius einen Brocken zu. Er beobachtete, wie das Tier ihn mit einer Kralle packte, während es sich mit der anderen geschickt am Ast festhielt. „Bei allen Göttern, weißt du eigentlich, wie schwierig es war, bis sie mir vertrauten, mir zu folgen bereit waren?" Er hob den Kopf. „Die da hinten, der Stamm um Arwed, die wollten eine Herde Rinder als Bezahlung. Gernot, das ist der dort, siehst du ihn? Den Hässlichen mit den vielen Narben am Oberkörper? Der wollte meine Schwester dafür heiraten, dass er und seine Männer an meiner Seite kämpfen. Wotan sei Dank habe ich keine Schwester, das hätte ich ihr wohl kaum antun können. Nantwig machte seinem Namen keine Ehre und entpuppte sich doch nicht als ‚der kühne Kämpfer': Er ist mit seinen Leuten gar nicht erst aufgetaucht."

„Es sind viele, die gekommen sind. Chatten und Chauken sind hier, Brukterer, Marser und Angrivarier. Selbst aus Segestes' Sippe stehen viele an deiner Seite."

„Marbod nicht. Sein Schwert und die Speere seiner Markomannen hätten wir hier gut gebrauchen können."

Einer der Raben spreizte seinen rechten Flügel und fing in aller Seelenruhe an, sich zu putzen, als lägen nicht überall schwer bewaffnete Krieger im Wald zu seinen Füßen. Unter jedem Baum, hinter jedem Strauch, so weit das Auge reichte. Der andere Vogel schien vorsichtiger zu sein. Misstrauisch legt er den Kopf schief und blickte starr auf Arminius hinunter.

„Wir sind Tausende hinter dem Wall, noch einmal so viele im Wald hinter uns. Und in der Senke warten noch Widukind und die Seinen auf diejenigen, die zu fliehen versuchen." Ragin griff wieder zu seinen Speeren. „Es wird uns keiner entkommen."

„Nein, sicher nicht." Arminius sah dem Vogel ins schwarz glänzende Auge, ohne zu blinzeln. Ein leichter Wind bewegte die Blätter der Bäume, von denen die ersten bereits zur Erde segelten. Unser Wald, dachte er, unsere Blätter.

Mit einem Mal stutzte der Rabe, der sich eben noch geputzt hatte, der andere ließ ein heiseres Krächzen hören. Beide Vögel schwangen sich gleichzeitig in die Luft und waren zwei, drei Flügelschläge später verschwunden.

Jetzt, dachte Arminius. Jetzt berichten sie Wotan von unserer Schlacht, auf dass er die Todgeweihten unter uns zeichnet. Und die Walküren werden sie abholen, die gefallenen Krieger, und sie sicher in das Reich Walhall geleiten, wo es ihnen an nichts fehlen wird. So war es, und so wird es immer sein.

Arminius richtete sich auf. „Es ist so weit", sagte er. „Sie kommen."

Es darf unter keinen Umständen eine Schlacht geben, wie sie die Römer kennen und in der sie fast unbesiegbar sind. Sie dürfen gar

nicht erst dazu kommen, sich aufzustellen und hinter ihren Schilden einzuigeln, wie sie es tausendfach und immer wieder geübt haben. Sie müssen überrascht, in einen Hinterhalt gelockt werden.

Also haben Arminius' Männer seit Tagen von morgens bis abends gegraben, bis ihnen die Hände bluteten und sie nachts erschöpft auf ihre Lager fielen. Nicht wenige schimpfen. Das soll ein Krieg sein? Sie sind es gewohnt, in einer Schlachtordnung zu kämpfen, die ihnen ihr Gott Wotan persönlich beigebracht hat und die „Eberkopf" genannt wird: Jede Sippe stellt sich keilförmig auf und kämpft für sich, die Besten nach vorne, an der Spitze der Führer oder König.

Nun haben sie gegraben. Und Arminius und sein merkwürdiges römisches Gehabe verflucht.

Am Fuß eines Berghangs haben sie einen langen Streifen mit Holzpfählen abgesteckt, dann mit Messern und Schwertern Grassoden ausgestochen und diese innerhalb der Markierung aufgeschichtet. Einige Äste und Blätter davor, und der Wall sieht aus wie ein natürlicher Hügel.

Jetzt warten sie. Das Warten macht sie noch nervöser als das Graben; wahrscheinlich denken nicht wenige daran, Arminius einen guten Mann sein zu lassen und das Weite zu suchen. Aber da ist noch die Ehre. Und natürlich die aussichtsreiche Beute.

Arminius hat die Stelle perfekt ausgewählt. Die Römer müssen an einer schmalen Stelle zwischen Berg und Moor vorbei, durch sandigen, schwergängigen Boden. Sie können nicht wie gewohnt in Ach-

terreihen marschieren und müssen zudem ihren schweren Wagen den Weg ebnen. Das kostet Kraft.

Und noch etwas hat Arminius bedacht: Die Römer hassen den Kampf Mann gegen Mann. Ihre Waffen und die Kleidung, die sie zum Schutz tragen, wiegen zusammen fast dreißig Kilogramm. Mit dem linken Arm müssen sie einen Langschild halten, der ihnen vom Kinn bis fast zu den Knöcheln reicht, während sie mit dem rechten zuschlagen. Fünfzehn bis zwanzig Minuten halten sie so durch, sehr viel länger nicht. Ihre Schlacht wird daher meist vorher entschieden, nachdem Pfeilhagel, Wurfspeere und Katapultgeschosse die gegnerische Linie geschwächt haben; erst dann rücken sie in einer genauen Marschordnung und im Schutz ihrer Schilde vor wie ein riesiger, von Speeren stacheliger Igel.

Die germanischen Stämme hingegen kämpfen ohne Rüstung und nur mit einem leichten, runden Schild; viele werfen beim Kampf sogar ihren Umhang ab und kämpfen mit bloßem Oberkörper. Das macht sie zwar verletzlich, aber auch wendig.

Dieses Mal hat Arminius sie Pfeile schnitzen und jede Menge Speere mit messerscharfen Eisenspitzen, sogenannte Framen, herstellen lassen. Und ihnen eingeschärft, es wie die Römer zu machen und so lange wie möglich in Deckung zu bleiben.

Das Heer war kilometerlang und ungeheuer laut. Noch bevor auch nur seine Vorhut in Sicht kam, waren die Tiere des Waldes und die wenigen Menschen, die in den Gehöften am Weg lebten, vom Geräusch der Schritte, dem Rumpeln der Wagen und Klirren der Rüstungen aufgeschreckt worden und verschwunden.

Den römischen Soldaten war das nur recht. Nervös versuchten sie, das Dickicht rechts und links mit Blicken zu durchdringen. Sobald sie auf eine Lichtung kamen, fühlten sie sich wohler, aber nur zu bald ging es wieder in den Wald hinein. Es war nebelig, der Boden dampfte. Manch einer murmelte etwas von Geistern, und das Schreien der Raben hörte sich an wie hämisches Gelächter. Das Gelände war hügelig, Buchen und Eichen ragten aus dem Dickicht von Stauden und buschigen Erlen hervor. Die bedrohlichen Tümpel und Moore lagen rechts des Weges. Allein der Anblick der weißen Wollgrastupfer vermochte die Truppe, die schweigend marschierte, ein wenig aufzumuntern.

Der Sandweg wurde schmaler.

Die Männer konnten bald nur noch zu fünft und sehr dicht nebeneinander gehen, die Äußeren wateten an einigen Stellen knöcheltief durch Schlamm.

„Verdammt noch mal!"

Überall hörte man unzufriedenes Gemurmel.

„Nimm deinen Schild aus meinem Gesicht."

„Bei Jupiter! Ich stecke fest!"

Die außen gehenden Soldaten drängten zurück auf den Weg, es wurde gerempelt, schnell kamen sich die Männer in die Quere. Immer wieder stockte der Zug, weil die von Maultieren oder Pferden gezogenen Karren nicht weiterkonnten und geschoben werden oder erst noch Bäume weggeräumt werden mussten.

Der Weg führte um einen Berg herum.

Und dann, wie aus dem Nichts, begann es.

Es gab keine Warnung.

Ein Hagel aus Pfeilen und Speeren ging auf die ersten Soldaten nieder wie ein grausames, tödliches Gewitter. Es klirrte und schepperte, sobald die Geschosse gegen die Helme oder Panzer trafen, die ersten Schreie waren zu hören. Framen bohrten sich in Schilde und konnten nicht herausgezogen werden. Pferde wurden getroffen und stiegen von Schmerz gepeinigt hoch, rissen die umstehenden Männer mit sich.

Was war das? Was, bei allen Göttern, ging hier vor sich?

Die ersten kostbaren Sekunden waren vorbei, niemand konnte reagieren. Noch immer hatte der Pfeilhagel nicht nachgelassen, sanken die Männer zu Boden, ohne dass auch nur ein Feind zu sehen gewesen wäre. Der Sand färbte sich rot, Entsetzen machte sich breit.

Ein paar Minuten genügen, so glauben Wissenschaftler heute, um die Marscheinheit der Römer ins Chaos zu stürzen.
Die vorderen Soldaten der ersten Legion versuchen, ihr Gepäck los-zuwerden und sich zu verteidigen. Die hinteren merken nicht, was vorne geschieht, und drängen nach. Es wird gerempelt, geschrien, viele fallen hin. In dem Durcheinander kann kaum jemand seinen Schild heben, geschweige denn sich aufstellen. Der tödliche Hagel aus Speeren und Pfeilen lässt nicht nach. Panische Pferde und Maultiere preschen durch die Menge.
In all dem Chaos ist niemand ist mehr in der Lage, die hinteren Le-gionen über den Überfall zu informieren: Die Kommandostruktur bricht zusammen.
Varus bekommt irgendwann mit, dass vorn gekämpft wird. Er be-fiehlt seiner Truppe, schneller zu marschieren und den Kameraden zu helfen. Das verschlimmert die Situation nur noch: Nun wird die vorderste Legion erst recht zusammengepresst.

„Verdammt noch mal, was ist da los?" Varus, der in der Mitte ritt, dachte immer noch, dass dies der kleine Aufstand war, von dem ihm Arminius erzählt hatte. Sein Pferd stieg, er konnte sich kaum im Sattel halten.
„Wir werden angegriffen."
„Bei allen Göttern, das sehe ich auch." Dem Statthalter gelang es, sein Pferd zu beruhigen. „Nun los, weiter nach vorne", herrschte er den nächstbesten Zenturio an.
Der Mann brüllte Befehle, andere folgten seinem Beispiel, doch es ging kaum voran. Varus reckte sich in seinem Sattel hoch, erblick-te jedoch nur Helme und Speerspitzen, und es war keineswegs die

gewohnte Ordnung, die er sah. „Verdammt, bringt eure Kohorte in Aufstellung!"

Mit einem Mal hielt ein Maultier, eine Schneise durch die Truppen schlagend, in wilder Panik auf ihn zu, den Karren im Schlepptau. Varus lenkte sein Pferd mit Mühe nach rechts mitten zwischen die Soldaten, jemand stolperte, ein anderer fing ihn auf, ein dritter am Rand geriet ins Moor und schrie um Hilfe.

Noch bevor Varus sein nervöses Tier wieder auf die Mitte des Weges zurückbringen konnte, hörte er mit einem Mal etwas, das wie das Brüllen eines Riesen klang. Eine gewaltige Stimme hatte sich erhoben, schrie den Männern ihren Hass entgegen, der Wald selbst schien zu schreien, das Moor, selbst die Berge.

Entsetzt riss Varus sein Pferd herum, und schließlich sah er sie auch, die Wilden, die ihn angriffen, mit bemalten Schilden und nackten Oberkörpern, die Speere und Schwerter hoch erhoben. Doch sie kamen nicht von vorne, wie er erwartet hätte, dorthin, wo sich seine erste Legion schon im verzweifelten Kampf befand, sondern von der Seite und, er drehte sich um, auch von hinten.

Das war kein kleiner Aufstand, sicher nicht. Das war …

„Arminius", stöhnte der Feldherr. Das konnte nicht sein, nein, das durfte es einfach nicht. Arminius war Römer, er war ein Ritter römischen Armee, einer der Ihren: Es war unmöglich.

„Nein", sagte Varus so leise, dass keiner der Umstehenden ihn hätte hören können. Mehr nicht, denn jetzt musste er kämpfen, waren die ersten Feinde schon bei ihm, fielen Soldaten reihenweise zu seinen Füßen.

Und Varus hob sein Schwert und dachte nicht mehr, an Arminius nicht, an nichts mehr, auch an keinen Verrat. Er konnte nur noch funktionieren und zuschlagen, zustechen und töten. Überleben, so lange es möglich war.

Die Krieger, die mit Schwertern und Framen hinter dem Wall und aus den Wäldern hervorstürmen und den Namen des eigenen Stammes zum Widerhall in ihre Schilde schreien, stoßen vom Rand her auf die wankenden, in ihren Rüstungen stolpernden Gegner ein. Sie zielen auf Hals, Beine und Rücken.

Den römischen Soldaten bleibt keine Möglichkeit zur Flucht. Von links kommen die Feinde, rechts ist das Moor, in dem sie, schwer wie sie sind, sofort versinken würden, hinten verstopfen die eigenen Leute den Weg, auch vorne wird erbittert gekämpft.

Varus begreift, dass dies die Katastrophe ist. Auch wenn er sich anfänglich noch wehrt, gibt er sich und seine Legionen irgendwann verloren. Um nicht in die Hände der Feinde zu fallen, stürzt er sich in sein Schwert – ein in Rom üblicher „ehrenvoller Tod". Viele seiner Generäle und Offiziere folgen seinem Beispiel.

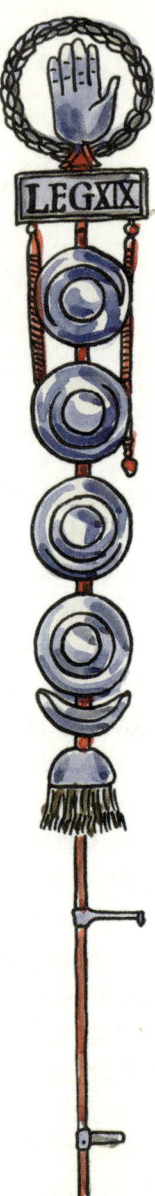

Feldzeichen einer
römischen Kohorte

Ihren Männern bleibt nur die Schlacht. Wie lange sie dauert? Römische Historiker berichten von zwei bis drei Tagen, alles andere überstieg wohl auch ihre Vorstellungskraft. Denn wie schnell sind drei komplette Legionen zu besiegen? So mancher Wissenschaftler wagt heutzutage die Vermutung, dass die „Schlacht im Teutoburger Wald", als die sie in die Geschichte eingegangen ist, nicht länger als einen Tag gedauert haben muss.

Doch ganz gleich, ob ein, zwei oder mehrere Tage: Es ist einfach ungeheuerlich, was hier geschieht. Die römische Armee, drei komplette Legionen, geschlagen durch germanische Barbaren? Es sieht ganz danach aus.

Ein Römer nach dem anderen sinkt zu Boden, der Schlachtenlärm lässt nach, irgendwann fallen auch die Letzten.

Es folgt eine fast schon gespenstische Stille, durchbrochen nur vom Keuchen der Sieger, die sich auf ihre Framen stützen, um wieder zu Atem zu kommen. Vereinzelt ist das Stöhnen eines Verwundeten zu hören, das Schnauben eines Pferdes. Irgendwo im Wald schreit ein Rabe …

Irgendwo schrie ein Rabe.

Flavus blickte hoch, blinzelte mit dem Auge, das ihm geblieben war. Er sah nur verschwommen, fasste sich unwillkürlich mit der linken Hand ans Gesicht und befühlte den Verband. Zwar tat es noch weh, doch schlimmer war, dass er nicht mehr klar sehen konnte. Die Legionsärzte hatten ihm versichert, dass sich das mit der Zeit geben würde: Sein rechtes Auge würde lernen, die Arbeit für das verlorene zu übernehmen. Er konnte nur abwarten und hoffen, dass sie recht behielten.

Wieder schrie der Rabe, ein anderer antwortete ihm.

Flavus suchte die umliegenden Dächer der Zelte und die kümmerlichen Bäume der Umgebung ab. Die aufsteigende Hitze ließ die Luft flimmern und es aussehen, als würden sich die Lederhäute bewegen. Es hatte seit Wochen nicht geregnet, und die Erde war hart und rissig.

Eine merkwürdige Ruhe lag über dem ganzen Lager, das in der Mittagshitze brütete. Die meisten Soldaten hatten sich in ihre Zelte verzogen, in denen es brütend heiß war, die Tiere standen bewegungslos in ihrem Pferch. Selbst die Grillen hatten das Zirpen eingestellt.

„Siehst du sie?", fragte Flavus den Mann neben sich, einen Zenturio, der seinen Schild so aufgestellt hatte, dass er ein wenig Schatten spendete.

„Was denn?", murmelte der Zenturio schläfrig.

„Die Raben. Kannst du sie sehen?"

Der Zenturio richtete sich mühsam auf, blickte sich um. „Sie sitzen dort oben, auf dem kahlen Baum." Er ließ sich wieder auf sein Lager sinken.

Flavus kniff sein rechtes Auge zusammen und versuchte, die schwarzen Flecken zu entdecken. „Wie viele sind es?"

Seufzend stützte sich der Zenturio auf einen Arm und sah nach. „Zwei nur. Lass doch die dummen Vögel."

„Zwei", murmelte Flavus. Er wischte sich den Schweiß von der Stirn. „In Germanien glaubt man, dass die Raben die Tiere des Schlachtfeldes sind. Ihre Namen sind Hugin und Munin, der Gedanke und die Erinnerung."

„So?", brummte der Zenturio.

„Sie sitzen auf den Schultern des Kriegsgottes Wotan und sagen ihm alles ins Ohr, was sie sehen und hören."

„Warum tun sie das?", fragte der Zenturio, nun doch neugierig geworden. Kein Römer konnte einer guten Geschichte widerstehen, und sei es noch so heiß. „Kann er nicht selber sehen?"

„Er hat nur ein Auge." Wieder befühlte Flavus seinen Verband. „Das andere hat er geopfert, um aus dem Brunnen des weisen Riesen Mimir trinken zu können."

„Und was hatte er davon?“

„Der Brunnen ist der Quell der Weisheit.“

„Also wurde er weise?“

Flavus zuckte mit den Schultern. „Er hat zumindest seherische Kräfte bekommen.“

Der Zenturio machte es sich wieder bequem. „Dann hätte er lieber sein Auge behalten sollen.“

Ein leichter Wind kam auf, die Raben riefen wieder.

Mit einem Mal musste Flavus an seinen Bruder denken. Arminius war nach Hause zurückgekehrt, zumindest war es das, was er gehört hatte. Fast sah er ihn vor sich, Arminius mit seinen blonden Haaren und den klaren, hellen Augen.

Doch was war das? Flavus spitzte die Ohren. Waren das Schreie, Schmerzensschreie, die der Wind da vor sich hertrug? Nein, keine Schreie, es waren Namen, die da gerufen wurden. Chatten, Marser, Cherusker: Namen, die beim Angriff in Schilde geschrien wurden, um ihren Klang zu verstärken.

Flavus richtete sich auf. Er meinte Tannennadeln und feuchte Erde zu riechen, sein Herz schlug schneller. Er sah Arminius als Kind einen Hang hinunterrennen, ein Holzschwert in den Händen, dann sah er ihn kämpfen, spürte förmlich, wie er ausholte und zustieß; Flavus’ Magen krampfte sich zusammen. Langsam, als hätte jemand die Zeit angehalten, sah er einen römischen Mantel fallen und ausgebreitet auf dem Boden liegen bleiben, wie Blut auf feuchtem, weißen Sand …

Jemand rief ein Kommando, ein Esel schrie, und die Zeit ging wieder ihren Gang. Flavus blickte auf, als sich das Lasttier, das mit zwei Amphoren* behängt war, an ihm vorbeischleppte; ein Mann in einer Tunica trieb es laut schimpfend vorwärts. Die Hufe des Esels wirbelten auf der knochentrockenen Erde kaum Staub auf.

Flavus legte sich zurück auf sein Lager. Sein Herz beruhigte sich nur allmählich, es rauschte in seinen Ohren. Er hatte lange nicht mehr an die germanischen Götter gedacht, doch heute noch, sobald es dunkel wurde, würde er Wotan etwas opfern. Zum Dank dafür, dass er ihm seine Raben geschickt hatte, um ihm von Arminius zu berichten. Und vor allem dafür, dass sein Bruder noch lebte.

Römischer
Legionsadler

Tausende von Kilometern weiter, in einem Gebiet, das die Römer später „Teutoburger Wald" nennen werden, beginnt währenddessen das große Aufräumen.
Wie nach jeder Schlacht bergen die Sieger ihre Verwundeten und tragen sie an den Waldrand, um die Verletzungen mit Wasser auszuwaschen und mit Baumrinde und Leder zu verbinden. Knochenbrüche werden gerichtet, ein Kräutersud soll Schmerzen lindern.
Anschließend trägt jeder Stamm seine Toten und deren Waffen herbei. Das ist wichtig, denn die Männer werden mit ihren Waffen verbrannt und anschließend bestattet.
Die verwundeten Römer werden getötet oder liegen gelassen, Gefangene teils den Göttern geopfert, teils als Sklaven verschleppt. Auch die Leiche von Varus findet man, schlägt ihm den Kopf ab und bringt ihn Arminius.
Waffen, Rüstungen, Münzen und Schmuck nehmen die Sieger an sich, opfern einen Teil, der Rest wird als Beute mitgenommen. Besonders begehrt sind die römischen Legionärsschwerter und kostbar verzierten Offiziersdolche. Und natürlich die drei heiligen Legions-

adler: Arminius überlässt sie als Zeichen der Bündnistreue den Stämmen der Brukterer, Marser und Chatten.

Dass die Germanen die toten Römer einfach liegen lassen, ist kein Zeichen von Grausamkeit: Wahrscheinlich betrachten sie das Schlachtfeld als heilig und erklären es damit zum für alle sichtbaren Denkmal.

Das entsetzt nicht nur die Römer, die sechs Jahre später das Schlachtfeld besuchen und einige der Gebeine notdürftig bestatten. Das ärgert auch die heutigen Wissenschaftler. Denn während man in Gräbern mehr Aussichten hat, Überreste wie Knochen oder Kleidung zu finden, werden die Spuren der römischen Toten in alle Winde zerstreut. Und so scheint die wichtigste aller Frage für die Historiker nicht das „Wie" und „Wie lange", sondern vor allem das „Wo" zu sein.

Wo hat sie denn nun stattgefunden, die Schlacht von Arminius? Nicht weit vom Teutoburger Wald, schreibt der Römer Tacitus, viel mehr Hinweise gibt es zunächst nicht. Erst 1987 wird bei Ausgrabungen ein Platz entdeckt, auf den sich inzwischen viele führende Wissenschaftler als Ort der Schlacht geeinigt haben: Kalkriese bei Osnabrück. Hier findet man neben den Knochen von Menschen und Maultieren auch viele Münzen, die die Soldaten als Sold* mit sich getragen haben, Verbindungshäkchen der Kettenpanzer, Teile von Rüstungsplatten, Eisennägel, die von römischen Sandalen stammen. Dazu Speer- und Pfeilspitzen, Schnallen und Ringe, die Fibeln*, die die Umhänge der Römer zusammenhielten, und sogar die Maske eines Kämpfers. Das klingt nach wenig, ist aber viel für eine Schlacht, die immerhin 2000 Jahre zurückliegt und deren Tote in der Mehrzahl von wilden Tieren gefressen wurden.

Varus, oder zumindest sein Kopf, teil dieses Schicksal nicht: Der wird von Arminius fein säuberlich verpackt und auf Reisen geschickt. Und einem Mann gebracht, der so gar nicht glücklich ist über das Geschenk…

FENRIRS FESSEL
ARMINIUS UND THUSNELDA

Der Krug mit Bier flog durch den gesamten Raum und zerschellte an der Wand.

„Was soll das heißen?", schrie Marbod. „Was will der Cherusker mir damit sagen?" Er brauchte gar nicht auf das zu zeigen, was ein Bote ihm vor die Füße geworfen hatte, um dann schleunigst das Weite zu suchen. Marbod war ein ansehnlicher Mann mit langem, zum seitlichen Knoten geschlungenen Haar, doch jetzt war sein Gesicht puterrot und verzerrt vor Ärger.

Seine drei Berater drängten sich an der Türöffnung zur großen Halle. Niemand wagte, das Offensichtliche auszusprechen.

„Dass ich hätte mitkämpfen sollen? Dass ihm gelungen ist, was ich damals nicht musste: im direkten Kampf gegen die Römer bestehen? Dass er es geschafft hat, die Herrschaft der Römer abzuschütteln?"

All das, wahrscheinlich, nur hüteten sich die Berater wohlweislich, es auszusprechen.

„Dieses kleine, miese Römerbalg", knirschte Marbod, der selbst bei den Römern erzogen worden und nur acht Jahre älter war als Arminius. „Was bildet er sich ein!" Er stand auf und verpasste dem Stuhl, auf dem er gesessen hatte, einen solchen Tritt, dass er umfiel und über den Holzboden schlitterte.

Die Wachen rechts und links verzogen keine Miene.

Wütend ging Marbod zu einer der Fensternischen und sah hinunter auf die Stadt. Er hatte mehr erreicht als dieser Cherusker, der mitten im Wald in einer erbärmlichen Hütte hauste und Kriegsherr spielte. Er, Marbod, hatte eine Burg, eine befestigte Stadt, er befehligte ein Heer, er hatte viele Stämme unter seiner Herrschaft vereinigt, und er war König. König! Dieser Arminius konnte doch froh sein, wenn seine eigenen Leute ihm auch nur zum Kühemelken folgten.

Marbod atmete tief durch und zwang sich zur Ruhe. Die Hände auf dem Rücken, drehte er sich zu seinen Beratern um.

„Und was ratet ihr mir jetzt? Was soll ich mit dem Kopf dieses unfähigen römischen Heerführers anstellen, diesem …"

„Varus", ergänzte ein Berater diensteifrig.

„Varus, danke." Marbod lächelte gefährlich.

„Vergraben?", schlug der Berater, ermutigt durch seinen Erfolg, vor. Als das Lächeln vom Gesicht seines Königs verschwand, versuchte er eilig, einen Schritt zurückzutreten, bekam jedoch einen kräftigen Stoß in den Rücken.

„Vergraben", wiederholte Marbod. Er überlegte, ob er eben das mit seinen unfähigen Beratern anstellen sollte. „O nein", sagte er. „Zeigen wir unseren römischen Freunden, dass wir ihnen ebenbürtig sind. Dass wir, wenn schon nicht ihre Verbündeten, dann doch zumindest gute Nachbarn sind."

„Und wie tun wir das?", fragte der Berater, der am weitesten hinten stand und sich zudem noch wegduckte.

„Indem wir den Kopf weiterschicken, Dummkopf." Marbod beschloss, seine Berater nicht zu vergraben, ihnen aber irgendetwas abzuschneiden. Oder sie eine Zeitlang an einem Baum aufzuhängen, oder beides. Er deutete unwirsch auf das unappetitliche Geschenk zu seinen Füßen. „Wir schicken diesen Varus nach Hause. Wetten, dass Augustus im Moment nicht gerade glücklich ist, ihn zu sehen?"

Kaiser Augustus ist nicht nur unglücklich, er ist entsetzt. Gerade hat er für den aus dem Osten zurückgekehrten Tiberius einen Triumph*

angeordnet, die höchste Ehre für einen Feldherrn, da erreicht ihn die Nachricht von den drei vernichteten Legionen an der Nordgrenze seines Reiches. Der Überlieferung nach schlägt der Kaiser seinen Kopf gegen den Türpfosten und ruft: „Varus, Varus, gib mir meine Legionen wieder!" Sein Schmerzensruf ist in die Geschichte eingegangen.

Der Eindruck, den die „Schlacht im Teutoburger Wald" in Rom und gerade auch bei den Feinden Roms hinterlassen hat, ist wahrlich ungeheuer. Man stelle sich vor: das gut gerüstete römische Weltreich geschlagen von „wilden Germanen". Drei vollständige Legionen vernichtet, die heiligen Legionsadler gestohlen. Das alles ist nicht nur furchtbar, das ist demütigend!

Augustus rauft sich den Bart und das Haar, das er sich seit der Niederlage nicht mehr schneiden lässt, und er handelt.

Zunächst einmal befiehlt er, Varus' Kopf zu begraben, dann entlässt er seine germanische Leibwache. Danach schickt er Tiberius als Oberbefehlshaber an die Grenze am Rhein. Der unternimmt von dort aus immer wieder kleinere Strafexpeditionen, hält sich ansonsten aber zurück. Zum einen ist er vorsichtig, zum anderen, nun mal ehrlich: Was gibt es in Germanien schon zu holen? Abwarten und Wein trinken, lautet seine Devise. Das römische Imperium verteidigen, aber nicht vergrößern – zumindest nicht in Richtung des sumpfigen und wehrhaften Nordens.

Jetzt kommt es darauf an, was Arminius vorhat. Greift er an? Wagt er sich in römisches Gebiet vor? Kann er die Stämme zusammenhalten?

Wo steckt er überhaupt?

„Das wird nicht gutgehen", flüsterte Ragin und nahm Messer und Schwert in Empfang.

„Natürlich wird es das." Arminius zog sich den Kittel gerade, rückte den Gürtel zurecht und prüfte den Sitz seines Mantels. „Wie sehe ich aus?"

Ragin verdrehte die Augen. „Das ist eine Entführung, keine Brautschau", zischte er. Die Pferde, die er mit der anderen Hand am Zügel hielt, schnaubten leise. „Beeil dich lieber, bevor Segestes' Männer uns entdecken." Besorgt sah er dem Freund nach, als dieser davonschlich.

Er bewunderte Arminius, keine Frage, seine kriegerischen Listen ebenso wie seine Redekunst, die kaum jemanden von den anderen Stämmen unberührt ließ. Selbst von Segestes' Sippe waren ihm viele in die große Schlacht gefolgt, sogar der Sohn des Widersachers sollte unter den Kämpfern gewesen sein, wie man hörte. Doch nun ging er zu weit. Einem Stammesfürsten die Tochter zu rauben, noch dazu, wo diese schon einem anderen versprochen war: Das war gegen alle Sitten. Es gab keinen Brautkauf, keine Gabe und keine Gegengabe. Ragin wurde übel bei dem Gedanken, was die Götter davon halten würden.

Dass Thusnelda ihrem Raub freudig zugestimmt hatte, war in dieser Angelegenheit völlig nebensächlich.

Ein Ast knackte, und Ragin lauschte in die Dunkelheit. Von seinem Versteck aus konnte er die Palisadenumzäunung von Segestes' Dorf nicht sehen. Ab und zu kam der Mond hinter den Wolken hervor, doch um ihn herum gab es nichts als graue Bäume und Schatten. Eines der Pferde scharrte ungeduldig mit dem Huf.

„Leise", beruhigte Ragin das Tier. Es durfte jetzt auf keinen Fall wiehern.

Warum dauerte das nur so lange? Arminius hatte ihm versichert, dass alles vorbereitet sei. Ein befreundeter Krieger, der ebenfalls gegen Varus' Legionen gekämpft hatte, würde ihm das Tor öffnen, ein anderer inzwischen Thusnelda holen. Aus dem Haus ihres Vaters, sozusagen unter seiner Nase weg.

Wieder knackte es irgendwo, eine Eule schrie.

„Arminius?", flüsterte Ragin in die Dunkelheit. Sein Herz pochte laut.

„Hier", kam es von links. Und da waren sie auch schon, Arminius und eine kleinere Gestalt, die er an der Hand führte. „Den Göttern sei Dank."

Schweigend hob Arminius Thusnelda auf eines der Pferde, nahm seine Waffen in Empfang und setzte sich hinter sie. Vollkommen geräuschlos ging das vonstatten; es war nicht mehr zu hören als das Atmen und leise Schnauben der Tiere.

Ragin schwang sich ebenfalls auf sein Pferd und folgte dem Paar in die Dunkelheit. Hinter ihnen blieb es ruhig, kein Alarmruf drang durch die Stille. Ragin hob den Blick zum Mond, der sich nicht mehr versteckte und ihnen gnädig den Weg wies. Und war dankbar dafür, dass die Götter anscheinend ein Nachsehen mit den Liebenden hatten.

Thusnelda reichte einen Becher Wasser hinunter, wobei ihr eine Strähne ihres langen, blonden Haars ins Gesicht fiel.

Arminius, auf seine Unterarme gestützt, nahm ihn ihr ab. Er konnte sich nicht sattsehen an dieser Frau, die er geheiratet hatte und die mit ihm seine Hütte teilte. Eine zwar bescheidene Behausung, doch war sie nur als Übergangslösung gedacht. Sobald einigermaßen Friede herrschte, sobald die Römer keine unmittelbare Bedrohung mehr darstellten und sobald ihr Vater sich beruhigt hatte, würde er ihr ein großes Haus bauen. Ein Haus mit festen Wänden und genügend Platz. Sobald …

„Was ist?", fragte Thusnelda und steckte die Strähne zurück in das mit bunten Bändern durchflochtene Haar. „Was siehst du mich so an?"

„Ich frage mich, wie du es geschafft hast, mich so fest an dich zu binden. Du musst über Zauberkräfte verfügen."

Thusnelda lachte. „Du kennst doch die zarte, unzerstörbare Fessel, mit der der Wolf Fenrir gefangen werden kann?" Sie beugte sich so dicht über ihn, dass ihre Nasen sich beinahe berührten. „Eine Schlinge aus dem Geräusch der Katze, dem Bart einer Frau, aus den Wurzeln der Berge, dem Atem eines Fischs und der Spucke eine Vogels. Damit, mein Liebster, habe ich auch dich gefangen." Sie küsste ihn und wand sich lachend aus seinem Griff. „O nein, du musst gehen. Ich höre deine Männer schon seit Sonnenaufgang, wie sie sich im Wald sammeln und ungeduldig auf dich warten. Nicht mehr lange, und sie kommen herein und wollen herausfinden, was dich hier festhält."

„Nun, die Fessel von Fenrir", sagte Arminius und tat, als seien ihm die Hände gebunden. Doch er wusste, dass es keinen Aufschub mehr gab. Seufzend erhob er sich von seinem Lager, wusch sich in einer hölzernen Schüssel, die Thusnelda ihm reichte, kämmte sich und kleidete sich an. Er aß schnell noch eine Schüssel warme Grütze und ließ sich von seiner Frau einen Beutel mit Käse, Brot und Nüssen geben. Dann ergriff er ihre Hände.

„Du weißt, dass ich alles in meiner Macht Stehende tun werde, um heil zu dir zurückzukommen?"

Thusnelda nickte tapfer, auch wenn ihre Augen dunkel wurden. „Das weiß ich."

„Und dass ich Männer abgestellt habe zu deinem Schutz?" Sie nickte wieder.

„Ich will dir noch etwas schenken." Aus dem Beutel, den er an seinem Gürtel trug, holte er eine Fibel mit einer runden, blau-weiß glänzenden Emailledecke und einem roten Punkt in der Mitte.

„Oh!" Thusnelda nahm sie, löste ihre einfache Bronzespange und befestigte stattdessen die Fibel am Träger ihres Kleides. „Sie ist wunderschön." Zärtlich strich sie darüber.
„Nicht so schön wie du, mein Liebstes", sagte Arminius und küsste ihre Fingerspitzen.
Draußen wurden Stimmen laut, Pferde wieherten.
Arminius verzog gequält das Gesicht. „Ich komme zurück", versprach er, hängte sich den Beutel um und nahm Schwert, Messer und Schild.
An der Türöffnung drehte er sich noch einmal um. „Vogelspucke?" Er runzelte die Stirn.
Thusnelda lächelte, die Hand auf die Spange gelegt. „Und die Wurzeln der Berge, der Atem eines Fischs."
Arminius zwinkerte ihr zu. „Dann gibt es nichts, was uns noch trennen kann."

Römische Statue einer trauernden Germanin, vielleicht Thusnelda

Arminius ist nach dem Sieg über die Römer ein geachteter Mann. Seine Verbündeten werden mehr, doch ebenso sehr wächst das Heer seiner Feinde.

Segestes, Fürst über das zweite bedeutende Geschlecht der Cherusker, hasst seinen Schwiegersohn mit jeder Faser seines Leibes. Marbod, Herrscher über die Markomannen, hat die Geste mit dem Kopf auch nicht auf die leichte Schulter genommen.

Und dann sind da immer noch die Römer, die nicht einfach von der Bildfläche verschwunden sind, sondern vom Rhein her drohen, und zwar stärker denn je: Gleich acht Legionen sind an der Grenze zu „Germanien" stationiert – das ist ein Drittel der gesamten römischen

Streitmacht. Es braucht allerdings noch einen Mann, sie zu führen. Augustus im fernen Rom ist alt geworden. Er rasiert sich inzwischen auch wieder: Arminius ist für ihn nur eine Sorge von vielen. Und auch Tiberius hat ganz andere Probleme, als sich mit den Germanen herumzuschlagen: Er lauert darauf, Augustus' Nachfolger zu werden, und ist in Gedanken mehr in Rom als bei seinen Truppen. Doch es gibt einen, der darauf brennt, Arminius, von dem er so viel gehört hat und der nur ein Jahr älter ist als er selbst, endlich einmal persönlich zu treffen: Germanicus.

13 n. Chr. schickt Augustus den Sohn des Drusus als Oberbefehlshaber an den Rhein, und Germanicus unternimmt eifrig kleinere „Expeditionen" ins Feindesland – was nichts anderes bedeutet, als dass er immer wieder in „Germanien" einfällt und systematisch Siedlungen und Stämme niedermetzelt. Natürlich treffen die Römer auf den Widerstand von Arminius und seinen Männern, und es kommt zu größeren und kleineren Kämpfen. Einmal siegt Germanicus, und die germanischen Stämme ziehen sich zurück, dann wieder siegt Arminius, und die Römer müssen weichen, doch es kommt zu keiner Entscheidung. Es gibt kein Vor und kein Zurück.

Bis schließlich ein Mann handelt, und er tut es nicht für Rom und schon gar nicht für „Germanien", und wahrscheinlich ist ihm sogar egal, wer letztendlich siegt. Seine Gründe sind schlicht und einfach persönlicher Natur: verletzte Ehre und unbarmherziger Hass.

Von der Anhöhe aus sah man die umliegenden Wälder, Grün so weit das Auge reichte, aufsteigende Vögel, die fahle Sonne, die es auch an diesem Tag nicht gänzlich durch die Wolkendecke geschafft hatte. Es wehte ein rauer Wind, und das Haus in seinem Rücken ächzte. Segestes wusste, dass sie bald kommen würden, auch wenn im grünen Dickicht noch nichts zu erkennen war. Der Wind hatte es ihm verraten, das Rauschen der Bäume, das Drohen ihrer gewaltigen Kronen.

Und natürlich seine Späher, die Arminius und seine Männer schon seit zwei Tagen beobachteten.

Es war endlich ruhig geworden im Haus, in dem er seine Tochter angebunden hatte. Sie hatte getobt, so lange und so gut es eben ging, ihm die schlimmsten Flüche und Verwünschungen an den Kopf geworfen, doch schließlich hatte sie sich fügen müssen. Entweder das, oder er würde sie und das Kind, das sie erwartete, verhungern lassen.

Ein paar Raben erhoben sich rufend in die Luft.

O ja, Arminius würde kommen.

„Es geht nicht anders", sprach Segestes, noch immer zum Wald gewandt. Er wusste, dass sein Sohn Segimundus ihm angespannt zuhörte. „Du musst Hilfe holen. Wir können sie ein paar Tage abwehren, uns hier verschanzen, aber du weißt so gut wie ich, dass Arminius rasen wird vor Wut. Er wird nicht eher ruhen, als bis er seine Hure befreit und uns vernichtet hat."

„Du sprichst von deiner Tochter, meiner Schwester, die du ihm geraubt hast", wagte Segimundus einzuwenden.

„Seine Hure." Segestes drehte sich um, und seine Augen glühten. „Meine Tochter nenne ich sie nicht mehr. Ich habe sie nicht weggegeben, keinen Brautpreis für sie erhalten. Den Mann, den ich ihr ausgesucht hatte, hat sie nicht einmal angesehen."

Segimundus wagte keinen Widerspruch. Er beobachtete stattdessen eine Maus, die an der Hauswand entlanghuschte, auf ihren Hinterläufen sitzen blieb und ihre zitternden Barthaare empor streckte.

„Aber dein Vater bin ich", sagte Segestes, und es klang wie eine Drohung. „Ich habe dir verziehen, dass du dein Gelübde als Priester gebrochen hast. Dass du mit Arminius geritten bist, an seiner Seite gekämpft hast." Man konnte dem alten Mann ansehen, wie viel Mühe ihn dies gekostet hatte und immer noch kostete. „Obwohl ich es nicht verstehe." Er spuckte aus.

Segimundus zuckte zusammen, als wäre er geschlagen worden, erwiderte jedoch nichts.

„Du wirst", Segestes zwang sich zur Ruhe, „ins Lager von Germanicus gehen und ihn um Waffenhilfe bitten."

„Er wird uns nicht helfen", stieß Segimundus verzweifelt hervor. „Und mir schon gar nicht. Ich habe meinen Eid gebrochen, du hast es eben gesagt. Weißt du, was die Römer mit Verrätern machen? Weißt du das, Vater?" Er schaute hoch, senkte jedoch sofort wieder den Blick, als er die brennenden Augen des Alten auf sich ruhen sah.

„Er wird dir nichts tun. Und wenn, dann hast du es dir selbst zuzuschreiben."

Segimundus schauderte. Er suchte nach der Maus, als könne die ihn trösten, ihm ein Schlupfloch zeigen, doch sie war im Haus verschwunden.

„Aber was soll ich ihm sagen?", jammerte Segimundus. „Wie soll ich Germanicus davon überzeugen, zu kommen und uns zu helfen?"

„Ganz einfach", erwiderte Segestes gefährlich ruhig. „Sag ihm, er bekommt dafür Arminius' Frau und sein ungeborenes Kind."

Segimundus' Augen wurden groß. „Du willst sie ihm geben? Du willst Thusnelda an die Römer ausliefern? Das kannst du nicht tun."

Doch Segestes hatte sich schon wieder weggedreht. Er beobachtete die sich wiegenden Wipfel der Bäume, die kreisenden Raben, das Blättermeer.

Segimundus warf einen nervösen Blick ins Halbdunkel des Hauses, in dem irgendwo die Gefangene sein musste. Etwas bewegte sich, doch er wusste nicht, ob es ein Tier war oder Thusnelda, die ihn beobachtete. Schließlich drehte er sich um und machte sich daran, dem Befehl seines Vaters Folge zu leisten und das Schicksal seiner Schwester zu besiegeln.

Die Wilde Jagd
Arminius' Kampf am langen Damm

Germanicus ritt über die Toten. Auf dem Leichenfeld lagen die Knochen der Gefallenen durcheinandergewürfelt wie in einem seltsamen Spiel oder einem Totentanz. Schädel und Skelette, so weit das Auge reichte. Bei jedem Schritt der Soldaten knirschten Gebeine, unter den Hufen der Pferde brachen sie. Aus leeren Augenhöhlen starrten bleiche Köpfe auf die, die nach ihnen kamen. Es roch nach Erde und dumpfer Fäulnis.

Schließlich konnte Germanicus es nicht mehr ertragen. „Das reicht."

Er stieg von seinem Pferd und sah mit Schaudern, dass das Tier in einem Brustkorb stand. Daneben, eingebettet in einen Haufen Knochen, grinste ihn ein Totenkopf an, dem ein Tausendfüßler aus dem Nasenloch wimmelte. „Wir müssen sie begraben."

Die drei Zenturionen, die in seiner Nähe geritten waren, taten es ihm nach und stiegen ab. Unbehaglich sahen sie sich um.

Hier streckte sich ein bleicher Knochen wie ein Arm empor, dort ragte der lange Kiefer eines Pferdes heraus, die meisten Gebeine jedoch ließen sich nicht zuordnen. Ob dieses einmal ein Mensch gewesen war oder ein Tier, der Bruder von jemandem, jemandes Freund: All das ließ sich nicht mehr erkennen.

Irgendwo hier, so dachte Germanicus, muss auch das liegen, was von Varus übriggeblieben ist.

„Wir können sie nicht begraben", wagte ein Zenturio einzuwenden und kratzte sich mit dem Befehlsstock an der Stirn. „Es sind zu viele. Es würde uns Tage kosten."

Römische Schwerter,
wie sie auch die
Germanen benutzten

Germanicus nickte. Sie folgten einem Trupp Feinde und hatten wahrlich keine Zeit. Und trotzdem: Es ging darum, die Manes, die Totengeister, zu versöhnen. Hatte ihm nicht erst kürzlich Caecina, sein Unterfeldherr, von einem Traum erzählt, in dem Varus blutbefleckt dem Sumpf entstiegen war und nach ihm gerufen hatte?

„Sagt euren Männern, sie sollen ihre Schaufeln auspacken", befahl er. „Stapelt die Knochen, schaufelt Erde über sie. Begrabt, so viele ihr könnt. Ich gebe euch einen halben Tag Zeit."

Er blickte hoch zum Waldrand und erschauderte. An die Stämme der Bäume waren Köpfe genagelt, einige trugen noch schief sitzende Helme, darunter lagen Schwerter und zerbrochene Speere.

„Nehmt als Erstes die Männer dort ab. Und gebt ihnen auch eine Münze ins Grab, damit sie den Fährmann über den Totenfluss bezahlen können."

Sein Pferd am Zügel, stolperte er weiter, und sein Hass auf Arminius wuchs bei jedem Schritt. Es knackte, unter seinem Tritt polterte ein Schädel einen Knochenberg hinunter und ließ sein Pferd scheuen.

Gemanicus stöhnte. Er hatte genug von diesem verkommenen Land, diesen Kämpfen. Hier vor ihm, hinter ihm, um ihn herum lag der endgültige Beweis: Nicht mehr als Tiere waren sie, diese Germanen. Es gab keinen Grund, sie zu schonen, sie zu behandeln, als wären sie menschliche Wesen.

In Rom wurden die Toten geachtet, es wurden ihnen Speisen und Getränke geopfert, es gab Feiertage ihnen zu Ehren, und die Gräber waren geweihte Orte. Aber hier? Mord und Totschlag, barbarische Riten und Gegner, die man nicht einmal sah. Es war genug: Er musste ihn endlich zu fassen kriegen, diesen Arminius.

„Die Sonne steht schon sehr hoch", unterbrach die Stimme eines Zenturios seine Gedanken. „Wenn die Germanen uns hier erwischen …"

Er brauchte nicht weiterzureden, Germanicus wusste auch so, was er meinte. „Du hast recht", sagte er. Ließ den Mann sein Pferd halten und ging zum nächsten Grabhügel, den seine Männer aufgeschichtet hatten. Er packte eine Grassode, während die einfachen Legionäre respektvoll Abstand hielten, und legte sie obenauf. „Das ist für alle, die zum Wohl und zur Ehre Roms gefallen sind und die wir dennoch nicht begraben können", sagte er mit lauter Stimme. „Und jetzt müssen wir weiter."

Schweigend packten die Soldaten ihre Sachen zusammen und waren kurze Zeit später zum Abmarsch bereit. Noch immer war das ehemalige Schlachtfeld übersät von Knochen, zeugten nur einige wenige Hügel und frisch aufgeworfene Erde von ihren Bemühungen.

Auf dem Rücken seines Pferdes drehte Germanicus sich um und blickte über die Helme und Speere seiner Männer hinweg in Richtung Moor. Nichts war zu sehen, kein Schilfhalm bewegte sich. Mochten Jupiter und die anderen Götter geben, dass die Toten damit zufrieden waren.

Im Jahr 15 n. Chr. suchen römische Legionäre, wahrscheinlich sogar Germanicus persönlich, den Schauplatz der Varusschlacht auf. Der Feldherr und Oberbefehlshaber der römischen Armee begräbt symbolisch einige der Gefallenen und ist entschlossener denn je, den Kämpfen in „Germanien" endgültig ein Ende zu bereiten.

Aber auch die germanischen Stämme sind inzwischen zu allem entschlossen, und das ist ausgerechnet Segestes zu verdanken: Der Cheruskerfürst hat seine Drohung wahr gemacht und seine Tochter den Römern als Preis dafür ausgeliefert, dass sie ihn vor Arminius gerettet haben.

Unter den Cheruskern und den anderen Stämmen gilt das als „Neidingstat", als unehrenhafte Handlung, und hat die gleiche Wirkung wie Öl, das man ins Feuer gießt.

Selbst Arminius' Onkel Inguiomar, der seit jeher als Römerfreund gilt und sich bislang aus allen Streitigkeiten herausgehalten hat, greift jetzt zu den Waffen. Und er ist nicht der Einzige. Von überallher kommen die Stämme, um sich Arminius anzuschließen.

Das bekommt zunächst der römische Unterfeldherr Caecina zu spüren. Er gerät just in den Sumpf, den er im Traum so erschreckend deutlich vor sich gesehen und aus dem ihm der blutbefleckte Varus zugewinkt hat …

Archäologische Funde: Pfeilspitzen von Römern oder Germanen

„Verdammt, man versteht ja sein eigenes Wort nicht", murmelte Ragin. Er besah sich die Wunde, die ein Schwertstreich an seiner Hand hinterlassen hatte, und öffnete und schloss die Faust. Die Wunde war nicht tief und hatte schon aufgehört zu bluten.

Arminius beugte sich zu ihm. „Was meinst du, wie es unseren römischen Freunden inzwischen ergeht, wo wir ihnen doch so schöne Schlaflieder singen?"

Ragin lächelte. „Nass", erwiderte er. „Hoffentlich holen sie sich nicht auch noch ein Fieber. Wäre doch zu schade, wenn sie zu erschöpft wären, um ihr Schwert zu heben."

Es war ein Hauen und Stechen gewesen, ein wütendes Schlagen und blutrünstiges Töten.

An den „pontes longi", so nannten die Römer die langen Damm-wege durch den Sumpf, hatten Arminius, Inguiomar und all die anderen die Römer gestellt. Der römische Unterbefehlshaber Caecinas hatte seine Armee geteilt, die einen kämpfen und die anderen in aller Eile ein Lager errichten lassen.

Dort hockten die Römer jetzt frierend und ängstlich knöcheltief im Wasser und erwarteten mit Bangen das Morgengrauen, wäh-rend ihre Feinde Siegeslieder und Beschimpfungen grölten und die Bäche in den Bereich des Lagers umleiteten.

Auf einer kleinen Lichtung berieten sich die germanischen Stam-mesführer.

„Wir warten, bis sie Hunger kriegen und rauskommen und schnei-den ihnen dann die Hälse durch", sagte ein Mann in einem Wolfs-pelz, der sich Kunolf nannte, und setzte sich wieder.

„Genug zu trinken haben sie ja", warf ein anderer ein, und alle lachten.

Arminius stand auf und schlug seinen Mantel dichter um sich. „Sie werden schon herauskommen, und sie werden viele sein. Wir sollten sie nicht sofort angreifen, sobald sie ihr Lager verlas-sen, sondern abwarten, bis die Gelegenheit günstig ist. Das Land kämpft auf unserer Seite."

Viele schlugen ihre Schwerter gegen die Schilde als Zeichen ihrer Zustimmung, doch es gab auch einige, die unzufrieden murrten.

„Was haben sie dir auf der römischen Schule noch beigebracht außer Warten, Arminius?", rief einer, dessen Gesicht man in der Dunkelheit nicht sehen konnte, dessen Stimme Arminius jedoch unschwer erkannte.

Er erhob sich erneut. „Immer dasselbe, Onkel", erwiderte er. „Car-pe diem. Pflücke den Tag."

„Und das soll heißen?"

„Dass wir so lange warten, bis die Römer uns wie reife Früchte in den Schoß fallen. Denn die Römer", und es entstand eine bedeutungsschwere Pause, „machen genau das, was auch Varus tat."
„Und das wäre?" rief einer.
Arminius grinste. „Sie bleiben stecken."

Auf dem Schlachtfeld von Kalkriese gefundene römische Münzen

Es war, als hätten die Römer Arminius gehört und folgten nun getreu seinen Anweisungen. Bei Morgengrauen verließen sie das Lager, um ein freies Feld zu erreichen, auf dem sie sich in Kampfformation aufstellen konnten. Doch der mit Bohlen belegte Dammweg war schmal und morsch, immer wieder rutschten die Wagen ab, scheuten die Maultiere, mussten die übernächtigten und klatschnassen Legionäre Baumstämme heranschaffen und die Karren aus dem Sumpf ziehen. Der Tross kam zum Stocken, blieb schließlich stecken.
„Sehe ich da etwa Varus und seine Legionen?", schrie Arminius, und das war das Signal zum Angriff.
Ein Pfeilhagel prasselte auf die Römer nieder, Menschen schrien, Pferde gingen durch. Wieder rutschten und schlitterten die Soldaten durcheinander, stürzten die germanischen Krieger aus der

Deckung hervor. Die Geschichte schien sich zu wiederholen, der Sieg lag in greifbarer Nähe, als Ragin plötzlich ausrief: „Sieh doch, Arminius, sie brechen aus!"

Arminius, außer Atem, das blutige Schwert in den Händen, drehte sich um. Um ihn herum wurde noch gekämpft, doch weiter hinten war es den Römern gelungen, aus dem Sumpf herauszukommen. Zu seinem Entsetzen folgten ihnen die Verbündeten nicht: Sie waren damit beschäftigt, nach Beute zu suchen.

„Was tun sie da?", konnte Arminius gerade noch fragen, dann musste er sich unter dem Hieb eines Römers wegducken. Mit dem Schwert durchbohrte er seine Seite. Der Kampf ging weiter, Schlag auf Schlag, während einige der Männer schon über das Schlachtfeld stolzierten und an sich rafften, was ihnen in die Hände fiel.

Endlich endete der Kampf; die Römer waren geschlagen oder geflohen. Doch es waren nicht wenige, die hatten entkommen können.

Arminius und Ragin sahen sich schwer atmend an. Die dicken Mäntel hatten sie während des Kampfes abgeworfen, doch sie spürten die kalte Luft nicht.

„Wir hätten sie gehabt. Wir hätten sie endgültig schlagen können", stöhnte Ragin, sobald er wieder genug Luft zum Sprechen hatte, und rammte seine blutige Frame in die Erde.

Arminius, auf sein Schwert gestützt, nickte nur. „Wir hätten sie schlagen können", wiederholte er und richtete sich auf. „Wir hätten der Geschichte ein Ende machen können."

Es gelang Arminius nur mühsam, seine Wut zu zügeln.

„Wo wart ihr?", presste er zwischen zusammengebissenen Zähnen hervor.

Inguiomar stand ihm aufrecht gegenüber, das Schwert in der einen, den prächtig bemalten Holzschild in der anderen Hand. „Wir haben gekämpft, so wie du."

„Ihr solltet die Flanke sichern. Ihr solltet verhindern, dass die Römer freies Feld erreichen."

„Wir haben die Flanke gesichert, solange es uns möglich war", erwiderte sein Onkel.

„Und doch konnten sie entkommen. Was ist euch dazwischen gekommen? Eure Gier nach Schmuck und Waffen?" Arminius wies
mit dem Schwert in Richtung Norden. „Ihr habt Beute gemacht,
anstatt den Fliehenden nachzujagen. Und jetzt? Jetzt sitzen die
Römer wieder in einem Lager."

„Aus dem wir sie leicht herausholen", unterbrach sein Onkel ihn.

„Was für eine Art Lager können sie schon bauen an einem einzigen
Tag?"

Schwerter klopften gegen Schilde, es war Gelächter zu hören.

Arminius wartete, bis er sich wieder verständlich machen konnte.

„Niemand", sagte er eindringlich und sah in die Runde, „niemand
holt die Römer so einfach aus einem Lager, in das sie sich einge-
graben haben. Sie sind Meister darin. Sie tun nichts anderes als
das."

„Wie immer höre ich Bewunderung in deiner Stimme." Inguiomar schnaufte verächtlich.

Arminius wurde blass. Er erinnerte sich an das, was er seinen Vater vor einer Ewigkeit hatte sagen hören, als er als Kind mit einem Bierkrug zum Thingplatz geschickt worden war: „Ich bewundere sie, und doch bin ich nicht ihr Freund."

Sein Onkel war lange Zeit Freund der Römer gewesen. Doch jetzt ließ er Arminius keine Zeit zu antworten und wandte sich an die anwesenden Heerführer. „Mein Neffe hat gegen die Römer gekämpft und gewonnen", und er zeigte mit der Schwertspitze auf ihn, „doch das haben wir auch. So mächtig sind sie nicht. Seht sie euch doch an: Wie die Kaninchen sitzen sie in ihrem Bau und zittern."

Arminius starrte ihn an. Inguiomar war nicht wirklich so dumm, die Römer für verängstigte Kaninchen zu halten, oder? „Ich sage dir", wandte er sich ein letztes Mal an seinen Onkel, „so ein Marschlager hat einen Graben und einen Wall und lässt sich gut, nur allzu gut verteidigen. Wir müssen warten, bis sie wieder unterwegs sind."

„Warten, warten. Schon wieder willst du nichts tun als warten, Neffe. Wenn diese Lager so gut sind, wie du sagst, dann sollten wir ihnen keine Zeit geben, sie noch besser zu machen. Ich sage euch: Lasst uns angreifen, und zwar so schnell wie möglich. Wer ist dafür?"

Fast alle Schwerter schlugen gegen die Schilde, und Arminius wusste, dass er verloren hatte. Der Beschluss war gefasst, es gab nichts mehr zu bereden.

„Sie verstehen sie nicht", sagte Arminius später zu Ragin, als er seine Frame mit einem Schleifstein schärfte. „Sie denken nicht wie ein Römer, und sie fühlen nicht wie einer. Diese Schlacht können wir nicht gewinnen."

Ragin gürtete sein Schwert und zog es enger.

Er nickte düster. „Und doch müssen wir es versuchen. Du bist überstimmt."

Arminius prüfte mit dem Daumen die Spitze des Speers. „Das ist noch einer der Vorteile, die die Römer uns gegenüber haben", sagte er bitter und besah sich den Blutstropfen, der hervorquoll. „Sie stimmen gar nicht erst großartig ab, mit wem sie in den Tod gehen."

Es kommt, wie es kommen muss: Bei Tagesanbruch stürmen Inguiomars Männer und die Verbündeten das Lager und haben gerade den Scheitel der Befestigung erreicht, als die Römer blitzschnell ihre Stellung verlassen und ihnen in den Rücken fallen. Arminius' Onkel bezahlt seinen Fehler beinahe mit dem Leben: Er wird schwerverletzt vom Schlachtfeld getragen. Caecina und der Rest seiner Legionen jedoch können sich den Weg freischlagen und fliehen.
Wieder ist keine Entscheidung gefallen.
Der Winter verschafft beiden Seiten eine Pause. Die Römer ziehen sich an den Rhein zurück, und für die germanischen Stämme gilt es erst einmal, gegen zwei andere, jedoch nicht minder grausame Gegner anzugehen: den Hunger und die Kälte.

Der Wind tobte sich aus an dem mit Lehm abgedichteten Flechtwerk der Hausmauern und versuchte sich auch daran, die Grassoden des Dachs abzuwerfen. Sobald jemand eintrat, ergriff eine besonders wütende Böe die Gelegenheit, eine Vorhut aus Schneeflocken hereinzuwirbeln, die sogleich niedersank und schmolz.
Die Tiere im hinteren Teil des Hauses standen dicht an dicht und waren geschützt vor Schnee und dem beißenden Wind. Sie waren mager, weil sie nicht auf die Weide konnten, und eine Kuh hustete, doch noch war kein Tier gestorben. Jul stand vor der Tür, das Opferfest, und danach würden die Nächte wieder kürzer, die Tage länger werden. Die Menschen im Haus hatten noch genug

getrocknete Früchte und Beeren, dazu einige Krüge Hirse und Gerste, und von der Decke baumelte ein großes Stück Rindfleisch, das bis zu den Festtagen unangetastet bleiben würde.

Im Wohnbereich direkt am Feuer, über dem ein großer Kessel mit Suppe hing, war es warm und gemütlich.

„Erzähl uns eine Geschichte, Papa", bat der kleinste von Ragins Söhnen, den seine Eltern Wolfram genannt hatten, weil er schon jetzt so tapfer wie ein Wolfsjunges war und so klarblickend wie ein Rabenküken.

Ragin, der seinen Löffel in die Suppe tauchte, schüttelte die langen, roten Locken, in denen sich das erste Grau zeigte. „O nein, ich habe schon genug geredet. Jetzt ist Arminius an der Reihe. Arminius?"

„Was?" Der Heerführer hatte geistesabwesend in die Flammen gestarrt, seinen eigenen Löffel noch unbenutzt in der Hand.

„Wir brauchen eine Geschichte. Eine gute, wenn du mich fragst: Die kleinen Krieger sind noch längst nicht müde."

„Wir sind nicht klein", erwiderte Harald empört, dessen Name „Heerkönig" bedeutete und der die Brüder in Alter und Geschicklichkeit anführte.

„Das ist wahr." Ragin strich seinem Ältesten übers Haar. „Nächstes Jahr wird er waffenfähig", sagte er, an Arminius gewandt, „und bekommt sein erstes Schwert."

„Und dann ziehe ich mit euch gegen die Römer!" Harald beugte sich über den Kessel und tauchte wie die anderen seinen Löffel hinein.

„Ich kämpfe auch", verkündete Iring, der Mittlere, der die roten Haare seines Vaters geerbt hatte.

„Und ich", krähte Wolfram, der nicht zurückstehen wollte.

Ragin lachte, und auch Arminius musste grinsen. „Kannst du dich noch an die Zeit erinnern", fragte er den Freund, „bevor wir unser erstes Schwert bekommen haben? Wir haben Römer gespielt, Römer und Cherusker."

„Wie wir uns geschlagen haben darum, Römer zu sein." Ragin schüttelte lächelnd den Kopf. „Und hinter uns lief immer Flavus her, sein winziges Holzschwert im Gürtel …" Er verstummte.

Arminius räusperte sich. Er legte seinen Löffel beiseite und nahm stattdessen einen großen Schluck Bier.

„Also eine Geschichte", begann er und wischte sich über den Mund. „In den zwölf Nächten vor Jul, den Raunächten, wenn die Welt der Lebenden der der Toten am nächsten kommt, zieht Wotan auf die Jagd. Er reitet auf seinem achtbeinigen Pferd Sleipnir, begleitet von seinen beiden Wölfen, voran, um seinen Kopf schwirren die zwei Raben."

„Hugin und Munin", warf Harald ein.

„Hugin und Munin, da hast du recht." Der Schein des Feuers flackerte auf Arminius' Gesicht.

„In seiner Gefolgschaft stehen Männer, Frauen und Kinder, Pferde und Hunde, die nicht mehr unter den Lebenden weilen. Aber tot sind sie auch nicht, denn man kann sie noch sehen. Aber wehe dem", und Arminius hob einen Finger, „der sie zu Gesicht bekommt. Der muss sich einreihen in diesen Tross und jaulen und heulen und zum Himmel schreien, bis er erlöst wird und ein anderer seinen Platz einnimmt. Und wisst ihr, wie man den Tross nennt, der uns zu Jul ums Haus tobt?"

„Die Wilde Jagd", flüsterte Iring, und Wolfram warf einen ängstlichen Blick zur Tür, die unter den Windböen ächzte und knarrte.

„Ich hatte einst einen Bruder", spann Arminius die Geschichte weiter. „Der hat die Wilde Jagd gesehen. Zunächst konnte er ihr widerstehen und hielt sich an einem Baum fest. Wotans Pferd galoppierte auf seinen acht Beinen an ihm vorüber, doch er hielt sich. Die Wölfe jagten an ihm vorbei, und doch ließ er nicht los. Dann kamen die Raben und setzten sich über ihn auf einen Ast, und trotz des Windes konnte er sie reden hören." Er schwieg.

„Was haben sie gesagt?", wollte der kleine Wolfram wissen.

„Sie erzählten ihm, wie schön es bei ihnen sei. Sie versprachen ihm ferne Länder und glorreiche Siege. Sie sagten ihm, er brauche nur loszulassen, und er müsse weder Hunger noch Kälte leiden."

„Und was hat er getan?", wollte Harald wissen.

Eine besonders starke Böe rüttelte an der Tür, sodass sie aufflog. Schnee stob herein, der Hund bellte und gebärdete sich wie wild, Iring schrie vor Schreck auf. Ein Heulen und Brausen erhob sich, im Schein des Feuers wirbelten die Flocken wie toll geworden. Ragin, Arminius und die drei Knechte sprangen gleichzeitig auf und stemmten die Tür wieder zu.

Ragin ließ den Riegel einschnappen. „Der Wind wird stärker und stärker", sagte er und schüttelte sich den Schnee aus dem Haar. „Wir sollten die Türen zubinden und nach dem Dach sehen. Und wir sollten die Grubenhäuser kontrollieren."

Arminius nickte und folgte ihm. Nicht auszudenken, wenn ihre Vorräte für den Winter Schaden nehmen würden.

„Was hat er getan?"

Arminius drehte sich noch einmal um, sah die drei Jungen auf ihren Fellen immer noch atemlos am Feuer kauernd.

„Dein Bruder: Was hat er getan?", wiederholte Harald gebannt.

„Er hat losgelassen", sagte Arminius. „Er reitet mit den Verdammten, hat sich eingereiht in ihren Tross, und ich werde ihn nie wiedersehen."

Doch da irrte sich Arminius. Flavus war schon unterwegs in seine frühere Heimat, auch wenn er sich nicht in Wotans, sondern in Germanicus' Gefolge befand.

Und wer weiß: Vielleicht wäre die Wilde Jagd Arminius letzten Endes sogar lieber gewesen als das.

MISTELPFEILE
ARMINIUS TRIFFT SEINEN BRUDER FLAVUS

Ragin schlug die Decke zurück, die als Schutz gegen den strengen Wind am Eingang hing, und betrat mit geducktem Kopf die Hütte. „Sieh mal, welche Ratte sich hier ins Lager verlaufen hat."

Arminius versteckte die Fibel mit dem roten, gesprungenen Emaillekern in seinem Beutel. Er sah auf. „Sigurd?"

„Du kennst mich noch?" Der Mann im gelben Mantel, der Ragin gefolgt war, lächelte schief.

„Sicher", erwiderte Arminius, stand auf und drückte dem Neuankömmling zur Begrüßung den Unterarm. „Du bist der Sohn von Almut, der Schwester meiner Mutter. Wir haben als Kinder zusammen gespielt."

„Du hast euren Ziegenbock auf mich gehetzt."

Arminius zuckte die Schultern. „Nun ja, höchstens ein paar Mal, Sigurd, und das bestimmt nur aus Versehen."

„Man nennt mich jetzt Flaccus", sagte Flaccus und schlug sich mit der Faust gegen die Brust. „Auch mich hat man als Junge in die römische Armee gegeben, musst du wissen."

Arminius sah ihn verdutzt an.

„Aber Latein gelernt hast du anscheinend nicht." Das war eine Feststellung, keine Frage.

Flaccus wurde rot. „Genug für den Kampf, falls du das meinst."

„Flaccus also. Nun gut." Arminius hustete, um ein Lächeln zu verbergen. Dann wurde er wieder ernst. Er deutet auf den Stein am Feuer. „Setz dich. Sag mir, was dich herführt. Habe ich dich nicht zuletzt mit Segestes gesehen?"

„Du hast mich gesehen? Wann?" Flaccus ließ sich nieder und schlug seinen Mantel zurück.

Auch Arminius setzte sich. „Sag du es mir."

Der Neuankömmling warf einen Blick zu Ragin, der immer noch drohend am Eingang der Hütte stand. „Ich bin ihm eine Zeitlang gefolgt, das ist wahr. Doch jetzt will ich mit dir kämpfen. Ich weiß, dass ihr auf dem Weg zum Fluss seid, um die Römer aufzuhalten."

„Wir haben genug Kämpfer", erwiderte Arminius kühl. Er konnte sich noch gut an den Tag im Römerlager erinnern, als sein Gegenüber mit Segestes gekommen war, um Varus zu warnen.

Flaccus beugte sich vor und hielt die Hände näher ans Feuer, um sie zu wärmen. „Ihr seid viele, das stimmt. Doch weißt du auch, wer dich auf der anderen Seite erwartet?" Flaccus machte eine Pause, er kostete seinen Wissensvorsprung aus. „Dein Bruder", schloss er genüsslich und schnalzte mit der Zunge.

„Flavus?" Arminius richtete sich auf.

Auch Ragin war jetzt zu ihnen ans Feuer getreten. „Woher willst du das wissen?"

Flaccus blickte auf. „Ich war lange genug ein Freund der Römer. Ich weiß, wovon ich rede."

Arminius' Blick war unergründlich. Er schwieg, dachte nach. „Ragin?", sagte er schließlich. „Zeig Sig…, äh, Flaccus, wo er schlafen kann. Und sieh, ob du nicht auch ein Horn Bier für ihn auftreiben kannst."

Ragin schnaufte verächtlich, doch Flaccus bedankte sich überschwänglich. „Du wirst es nicht bereuen, Arminius. Ich werde dir ein guter und treuer Gefolgsmann sein, du wirst schon sehen."

Erst als die Männer gegangen waren, holte Arminius die Fibel wieder aus seinem Beutel und fuhr langsam und gedankenverloren mit dem Finger über ihre gesprungene Oberfläche. Doch dieses Mal dachte er nicht an seine Frau und seinen Sohn, den er noch nie gesehen hatte. Es war Flavus, dem seine Gedanken galten. Flavus, sein kleiner Bruder, der ihm wie ein Schatten überallhin gefolgt war. Warte auf mich, hörte er eine kleine, hohe Kinderstimme, nimm mich mit.

Und dann seine eigene, ältere: Du kannst nicht mitkommen, Flavus, du bist noch zu klein. Du wirst dich verletzen.

Doch von Verletzungen hatte sich Flavus noch nie abschrecken lassen. Und jetzt war er zurück.

„Du bist verletzt", begann Arminius das Gespräch.

Am Weserufer hatte er um eine Unterredung gebeten, und tatsächlich: Sie war ihm bewilligt worden. Schweigend hatten sie sich gegenüber gestanden, Arminius in seinem Umhang, der von Thusneldas Fibel zusammengehalten wurde, mit seinem bemalten Schild und das Schwert in den Händen, Flaccus, Ragin und andere Getreue an seiner Seite. Auf der anderen Seite Flavus im roten Rock und Kettenpanzer mit quer gestelltem Helmbusch, flankiert von einer Vielzahl Bogenschützen. Auch der Bruder hielt sein Schwert gezückt.

Es hatte gedauert, bis Arminius seine Begleiter überreden konnte, Abstand zu halten. Flavus hatte eine Handbewegung genügt, um die Bogenschützen wegzuschicken.

Jetzt waren sie allein. Nur eine Ente schwamm schnatternd zwischen ihnen umher, unentschlossen, für welches Ufer sie sich entscheiden sollte.

„Ich habe im Kampf mein Auge verloren", antwortete Flavus auf Arminius' Frage nach seiner Verletzung.

„Und bist du ausreichend dafür entlohnt worden?" Arminius meinte damit die Weisheit oder seherischen Kräfte, die auch Wotan als Tausch für sein Auge erhalten hatte, doch Flavus verstand ihn falsch: Er wies stumm auf die Orden an seiner Rüstung.

„Nicht einmal Weisheit?", rief Arminius spöttisch hinüber.

Flavus reckte sich. „Die Weisheit zu wissen, für was ich kämpfe."

„Und das wäre?"

„Die Größe Roms, die Macht unseres Kaisers …"

„Unsinn", schrie Arminius, und die Ente zwischen ihnen quakte erschrocken und schwamm einen Kreis. „Du bist Cherusker!"

Darauf erwiderte Flavus nichts. Selbst auf die Distanz war ihm anzusehen, wie sein Gesicht sich rötete. Er trat noch einige Schritte näher und stand jetzt mit den Sandalen im Wasser. „Ich bin froh", rief er hinüber, „dass es dir gut geht. Ich wünsche dir nichts Schlechtes. Auch deiner Familie geht es gut. Ich habe deine Frau gesehen, Thusnelda, und deinen Sohn. Sie werden gut behandelt."

Arminius wich das Blut aus dem Gesicht. Er machte einen weiteren Schritt vorwärts und merkte gar nicht, wie seine Lederschuhe sich mit Wasser vollsogen. „Rede. Nicht. Von meiner Familie", stieß er hervor. „Sie sind Gefangene. Wie kannst du es wagen zu behaupten, es ginge ihnen gut." Die Knöchel seiner Hand, mit der er das Schwert umklammerte, wurden weiß.

Die Ente zwischen beiden richtete sich auf und schlug mit den Flügeln, während Flavus nur den Kopf schüttelte.

„Apropos Familie", schrie Arminius. „Unsere Mutter lässt dich grüßen. Sie hat den Eid zu deinem Schutz zurückgefordert: Ich brauche keine Mistelzweige mehr, um dich zu besiegen."

„Du lügst!" Flavus rannte wutentbrannt ins Wasser, und das war der Ente schließlich zu viel, die mit aufgebrachtem Quaken aufflog. Auch Arminius ging weiter, bis ihm das Wasser bis zum Oberschenkel reichte.

Die beiden Brüder standen sich jetzt so dicht gegenüber, dass sie nur die Hand hätten ausstrecken müssen, um sich zu berühren. Oder ihre Schwerter.

„Du lügst", sagte Flavus leise, und Arminius konnte Tränen in seinem Auge sehen, „das hätte sie niemals getan."

Mistelzweig

„Komm mit mir mit", erwiderte Arminius, „und du kannst sie selber fragen." Er hätte seinem Bruder zu gern die Hand gereicht,
wusste jedoch nicht, wohin mit Schild und Schwert.
An beiden Ufern war es mittlerweile laut geworden, nahmen auf
der einen Seite die Schützen wieder Aufstellung, während Arminius' Freunde von der anderen her riefen und drohten.
Die beiden Brüder kümmerten sich nicht darum.
„Es ist zu spät", sagte Flavus. „Meine Frau ist in Rom, meine Kin-
der …" Er brach ab und sah in das Wasser.
„Dann haben wir uns nichts mehr zu sagen." Arminius' Stimme
klang hart. Er dreht sich weg.
„Arminius?", hörte er die Stimme seines Bruders hinter sich, und
sie klang so dünn und so jung, dass er fast erwartete, ein „Warte
auf mich" zu hören.
Warte auf mich. Nimm mich mit.
Er blieb stehen, ohne sich umzusehen.
„Grüß sie von mir. Sag ihr …" Die Stimme seines Bruders brach.
Arminius zögerte, doch dann watete er langsam ans Ufer, seinen
Kampfgefährten entgegen. Es war zu spät. Flavus hatte sich längst
entschieden.
„Was hat er damit gemeint", fragte Flaccus, der die Brüder beob-
achtet hatte, „dass ihre Mutter Mistelzweige gesegnet hätte?"
„Das weißt du nicht?" Ragin zog erstaunt die Augenbraue hoch.
„Bei den Göttern, bist du Cherusker oder was?" Er schüttelte un-
gläubig den Kopf. „Die Göttermutter Freyja hat jedem Ding auf

Erden den Eid abgenommen, ihren Sohn Balder nicht zu verletzen. Nur eine junge Mistel übersieht sie. Irgendwann tötet der eigene Bruder Balder mit einem Mistelpfeil."

Flaccus nickte. Schweigend warteten sie darauf, dass Arminius das sichere Ufer erreichte.

Es gilt als gesichert, dass das Gespräch zwischen Arminius und seinem Bruder stattgefunden hat, auch wenn natürlich niemand den genauen Wortlaut kennt. Doch umstimmen kann Arminius den Jüngeren nicht: Flavus kämpft weiterhin auf Seiten der Römer, auf Germanicus' Seite, der mit acht Legionen ein wahrhaft riesiges Heer befehligt – Varus standen damals „nur" drei zur Verfügung. Mit so vielen Soldaten sollte es doch wirklich ein Leichtes sein, Arminius und seine „aufständischen Germanen" zu bezwingen!

Es folgen zwei erbitterte Schlachten, die eine bei „Idistaviso" irgendwo im Weserbergland, die andere am Angrivarierwall, der damaligen Grenze zwischen dem Gebiet der Cherusker und Angrivarier.

Arminius versucht es wieder mit seiner „Wir-verstecken-uns-im-Wald"-Taktik, doch auch die Römer haben dazugelernt und sind nicht sonderlich überrascht; vielleicht ist auch Verrat im Spiel. Tatsache ist, dass Arminius' Krieger bei beiden Schlachten schwere Verluste erleiden. Aber noch sind sie nicht geschlagen: Aufgeben kommt für sie nicht in Frage.

Schließlich haben auch die Götter ein Einsehen und lassen Hagel, Blitz und Donner niedergehen, wie sie es hier ja des Öfteren tun: Germanicus muss nach schweren Unwettern an den Rhein zurückkehren und verliert auf dem Rückzug einen großen Teil seiner Flotte. In Rom ist inzwischen Kaiser Augustus gestorben und Tiberius wie geplant sein Nachfolger geworden. Der neue Herrscher hat die Nase voll von den verlustreichen und teuren Germanien-Abenteuern.

„Noch ein Jahr", bettelt Germanicus, doch Kaiser Tiberius winkt ab. Schluss, aus, vorbei.

Die Germanen sind eben nicht zu schlagen, und solange die Grenzen sicher bleiben, sollen sie doch glücklich werden in ihrem Sumpf. Als Trostpflaster verspricht er seinem Neffen und Adoptivsohn Germanicus einen schönen Triumph. Und weil dabei ja leider nicht Arminius persönlich vorgeführt werden kann, hat er einen besonderen „Ersatz" im Sinn.

Segestes hatte kaum seine Toga gerafft und in der Ehrenloge Platz genommen, als das Spektakel auch schon begann.

Zuerst kamen die Trompeter. Im Gleichschritt marschierten sie vorweg, die lang gestreckten Fanfaren am Mund, begleitet vom Jubel des Volkes. Die ersten Zuschauer hatten sich schon kurz nach Mitternacht aufgestellt, um die besten Plätze zu ergattern, und wohl dem, der einen Balkon am Wegesrand sein eigen nannte. Getränke wurden im Gedrängel ausgeschenkt und verkauft, so manches Kind hochgehoben, um nicht erdrückt zu werden. Das Forum hatte sich in ein prächtiges Blumenmeer verwandelt, über das der Duft des mit Weihrauch angereicherten Opferfeuers zog. Der Wettergott Jupiter, dem der Triumphzug geweiht war, zeigte sich gnädig und ließ die Maisonne noch nicht zu kräftig herunterbrennen.

Schon kam die Spitze des Zuges in Sicht, und die Menschen in den Gassen jubelten und ließen Blütenblätter auf die Sieger niederregnen.

Bilder wurden vorangetragen, auf denen die zerstörerische Kraft des römischen Heeres in aller Deutlichkeit gezeigt wurde: verwüstete Landstriche, brennende Häuser, Gegner auf der Flucht, dazwischen Darstellungen von fremden Landschaften, Flüssen, Tieren und Pflanzen. Tafeln mit Inschriften erklärten die glorreichen Kriegstaten. Beutestücke wie Schmuck, Vasen, Schalen, Krüge in Gold und Silber, gefüllt mit Münzen, Edelsteinen und erlesenen Waffen wurden der Menge gezeigt, doch die hatte nur noch Augen für das menschliche Beutegut: die gefangenen Männer, Frauen und Kinder. In Ketten, aneinandergefesselt, hielten sie die Köpfe gesenkt und ließen Verwünschungen und Spott über sich ergehen. In dem Gedränge gelang es kaum jemandem, sich zu bücken und einen Stein aufzuheben, was ein Glück war für die Gefangenen, doch wurden sie immer wieder bespuckt, und wehe dem, der den Zuschauern rechts und links zu nahe kam.

Segestes versuchte, sich die Anspannung nicht anmerken zu lassen. Er schrie nicht und schüttelte auch nicht die Fäuste, wie die Menschen um ihn herum, doch er lächelte trotzig. Es machte ihm nichts aus, sollte dies Lächeln zeigen, dass dort seine Tochter Thusnelda und sein kleiner Enkelsohn Thumelicus vorbeigeführt wurden. Einmal meinte er kurz, ihr blondes Haar aufblitzen zu sehen, und blickte schnell woanders hin. Auch sein Sohn musste da unten irgendwo gehen: Segimundus, der Priester. Doch Segestes bevorzugte es, nicht nach ihnen zu suchen; stattdessen betrachtete er seine Hände und lächelte.

Den Geiseln und Gefangenen folgten die Würdenträger Roms: Amtsdiener, Magistrate und Senatoren schritten gewichtig die Menge ab und winkten huldvoll nach rechts und links.

Und dann kam er, der Triumphator.

Begleitet von ohrenbetäubendem Lärm, stand Germanicus auf einem von vier Schimmeln gezogenen, prächtig geschmückten Wagen, ohne eine Miene zu verziehen. Er trug ein mit Gold durchsetztes Purpurgewand und einen Lorbeerkranz im Haar, über den ein Sklave eine schwere Goldkrone hielt. Mit dem Lorbeerzweig in der einen und dem Elfenbeinzepter in der anderen Hand sah er aus wie der Gott Jupiter persönlich, und die Menge tobte vor Begeisterung.

Grabmal eines in Germanien gefallenen römischen Offiziers

Hinter ihm ritten seine männlichen Verwandten, dann folgte noch ein langer Zug der von ihren Offizieren angeführten Soldaten mit ihren Ehrenzeichen und Waffen.

Segestes erhob sich. Er wusste, dass jetzt einige der Gefangenen hingerichtet werden würden, bevor der Triumphator selbst sein Opfer vor dem Jupitertempel darbringen würde. Nach allen Seiten hin grüßend und winkend, verließ Segestes die Tribüne, so schnell es ihm möglich war. Das Gesicht zu einer Grimasse verzogen, die nur noch schwer als Lächeln gelten konnte, drängte er sich durch die Menge und war kurz darauf für immer aus der Geschichte verschwunden.

DER GRENDEL
ARMINIUS UND DER SCHATTEN DES RUHMS

Arminius' Widerstand, vor allem aber der Sieg im „Teutoburger Wald" gelten als ein Wendepunkt der Geschichte.

Die Römer, darüber können auch die schönsten Siegesfeiern nicht hinwegtäuschen, sind gestoppt worden. Die Weltmacht, die sich mehr und mehr Länder und Menschen einverleibt hatte, wurde aufgehalten.

Doch viel Zeit zum Triumphieren bleibt Arminius nicht. Im Gegenteil: Nach dem Abzug der Römer, jetzt, da die Bedrohung von außen gewichen ist, nehmen die Machtkämpfe im eigenen Lager an Schärfe zu. Einige Stämme werden vom Erfolg angezogen, andere jedoch stößt er ab.

Was will Arminius denn noch, murren sie. Will er etwa König werden wie Marbod? Oder gar Kaiser? War es nicht vorher viel besser, als jeder sein eigenes Süppchen kochen und tun und lassen konnte, was er wollte?

Der gute, alte Onkel Inguiomar ist der Erste, der wieder einmal die Fronten wechselt: Er will sich seinem Neffen nicht mehr unterordnen und flieht mit seinem Gefolge zu Marbod.

Das gibt Arminius' Tatendrang ein neues Ziel: Hat nicht Marbod die Germanen in ihrem Kampf gegen die Römer alleingelassen?

Hat er etwa nicht die zwar unappetitliche, aber unmissverständliche Aufforderung ausgeschlagen, sich doch bitte am Kampf zu beteiligen?

Und hat er sich nicht sogar den Römern angebiedert, indem er den Kopf von Varus an Kaiser Augustus weitergeschickt hat?

Arminius weiß trotz des Verrats seines Onkels immer noch viele Stämme hinter sich, und er nutzt die Gelegenheit der Stunde, um abzurechnen. Sein nächster Gegner heißt Marbod.

Jetzt gab es keinen Blick mehr, der Marbod hätte beruhigen können: Seine Burg lag weit weg. Sie war nicht in Gefahr, das nicht, aber seine Herrschaft war es sehr wohl.

Der Markomannenkönig saß aufrecht in dem Langhaus, das er kurzerhand zu seinem Hauptquartier ernannt und aus dem er die hier ansässige Familie in das kleine Grubenhaus daneben verbannt hatte. Immerhin: Es gab einen Prunksitz aus kunstvoll verziertem Holz, der Marbod als Ersatzthron diente. Auf dem er sitzen und nachdenken konnte.

Der Berater, dem die Daumen beider Hände fehlten, sah mit Grausen, dass sein Herrscher lächelte. Gerade hatte er ihm eröffnet, dass die Semnonen und Langobarden übergelaufen seien und sich seinem Feind Arminius angeschlossen hätten, und er lächelte!

„Ist dir nicht gut, Herr?", fragte der Berater.

„Doch, sicher", erwiderte Marbod.

„Aber die zwei Stämme …"

„Können wir mehr als wettmachen durch Inguiomar und seine Männer."

Der Berater nickte eifrig, dachte insgeheim jedoch mit Abscheu an diesen verrückten Alten, den Onkel von Arminius, der den lieben Tag lang Bier soff und über die Ungerechtigkeit der Welt schwadronierte. „Und doch", wagte er einen letzten Einwand, „sind es viele Gegner, und sie verstehen unsere Art zu kämpfen …"

„Ich habe einen Plan." Mit einem Splitter, den er aus einem Holzscheit zog, pulte sich Marbod das Schwarze unter den Fingernägeln hervor.

„Das ist gut, das ist gut", beeilte sich der Berater zu sagen. Er räusperte sich. „Und wie lautet der Plan, wenn ich fragen darf?"

„Wir werden die Römer um Waffenhilfe bitten", war die Antwort. Dem Berater wurde kalt. An den Feuern erzählte man sich immer noch von Marbods Glück und davon, dass die Römer abgezogen waren, ohne dass er auch nur einen Finger krümmen musste. Das war das Einzige, was von seinem Ruhm noch geblieben war. Und jetzt wollte er seine Feinde selbst herbeirufen?

„Das ist … das ist erstaunlich", stammelte der Berater. Erstaunlich umso mehr, da die Markomannen noch immer ganz oben auf der „Zu-erledigen"-Liste der Römer stehen dürften.

„Nicht wahr?" Marbod lächelte und betrachtete seine Fingernägel.

„Und wenn sie nicht kommen?"

„Sie kommen. Immerhin haben ja sie uns einst gegen Arminius um Waffenhilfe gebeten."

„Aber du bist dieser Bitte nicht gefolgt, Herr."

„Und wenn schon: Jetzt folgen sie mir."

Niemals, dachte der Berater. Es wird uns zwischen den Römern und Arminius zerreiben wie zwischen zwei gewaltigen Mahlsteinen.

„Und wenn nicht", sagte Marbod und warf den Splitter ins Feuer, „dann habe ich noch einen geheimen Vertrauensmann, der die Sache in die Hand nehmen wird."

Der Berater konnte seine Neugier nicht zügeln. „Wer ist es denn?"

„Ein Verwandter von Arminius, der sich Schlappohr nennt."

Das war der Beweis: Marbod war eindeutig verrückt geworden! Der Berater klappte den Mund zu, deutete eine Verbeugung an und verabschiedete sich mit den Worten, dass er sich noch auf die morgige Schlacht vorbereiten müsse. Dann ging er hinaus, setzte sich auf sein Pferd und gab ihm die Sporen.

Marbod und Arminius sind beide in Rom zur Schule gegangen und haben ihre Lektion gelernt, und so stehen sich im Jahr 17 n. Chr. zwei Heere germanischer Stämme in ordentlicher römischer Aufstellung gegenüber.

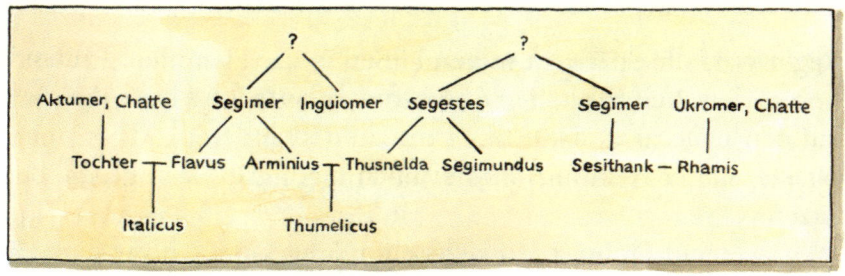

Stammbaum von Arminius, Thusnelda und ihren Verwandten

Als es Abend wird, ist die Schlacht noch nicht entschieden. Anstatt jedoch bei Tagesanbruch weiterzukämpfen, zieht Marbod sein Heer auf die umliegenden Höhen zurück. Er hat ein dringendes Personalproblem: Immer mehr Gefolgsleute fallen von ihm ab und laufen zu Arminius über. Endgültig ruiniert ist sein Ruf, als er seinen Plan tatsächlich in die Tat umsetzt und die Römer um Unterstützung bittet: Jetzt gibt es für seine Männer kein Halten mehr.

Marbods Gesuch wird in Rom mit einem kalten Lächeln abgeschmettert, und so bleibt dem einstmals mächtigen König nichts anderes übrig, als sich mit dem Rest seiner Getreuen auf seine Burg zurückzuziehen. Nicht einmal zwei Jahre später werden ihn andere verfeindete Stämme von dort vertreiben und die Römer sich dazu herablassen, ihm wenigstens einen Wohnort in ihrem Herrschaftsgebiet zuzuweisen – in Ravenna, derselben Stadt, in der auch Thusnelda mit ihrem Sohn leben muss.

Übrigens wird ein Anliegen, das in Rom eingeht, ebenfalls vom römischen Senat abgelehnt, obwohl es die Herren Senatoren sicher stark in Versuchung geführt haben dürfte: Ein Fürst der Chatten bietet großzügig an, Arminius zu vergiften!

Rom lehnt ab. Nicht „hinterrücks und heimlich, sondern offen und mit der Waffe in der Hand" würde das römische Volk an seinen Feinden Rache nehmen, schreibt Tacitus.

Nun, es gibt genug Feinde, die sich nicht so zieren.

Ragin warf die Späne zu seinen Füßen in die Flammen. Prüfend hob er den Pfeil hoch, den er geschnitzt hatte, und legte ihn sich auf den Unterarm, dann tat er ihn zu den anderen. Als er hochblickte, sah er Arminius immer noch regungslos ihm gegenüber sitzen.

„Was ist, mein Freund? Du sitzt schon lange so da, ohne dich zu regen. Bist du müde?"

Arminius nickte langsam. „Das bin ich, Ragin, das bin ich in der Tat."

Ragin packte die Pfeile mit einer Hand. „Dann sollte ich besser gehen."

Arminius schüttelte den Kopf. Sein Haar war lang geworden und, obwohl er gerade mal 37 Jahre zählte, bereits mit silbernen Strähnen durchzogen. Er hatte sich, wie es sich für einen älteren Mann ziemte, einen Bart stehen lassen, doch seine Augen waren so jung und strahlend blau, als sei er noch immer der Junge, der mit einem Holzschwert bewaffnet den Hügel hinunterstürmte.

„Kein Schlaf kann diese Müdigkeit vertreiben, Ragin, im Gegenteil. Ich muss wach bleiben. Unser Stamm ist bis ins Mark getroffen, und ich weiß nicht, wie ich ihn wieder zusammenwachsen und heilen lassen kann."

Ragin ließ die Pfeile los. Er wusste, wie sehr den Freund Inguiomars Flucht und damit die Spaltung der Cherusker belastete. „Es wird eine Zeit kommen", sagte er. „Unsere Söhne ..." Dann stockte er.

Arminius lächelte milde. „Deine Söhne, Ragin, ja. Vielleicht hast du recht. Vielleicht können sie erreichen, was für einen Augenblick fast schon Wirklichkeit war."

„Als wir mit Inguiomar kämpften", nickte Ragin.

„Als wir mit allen gemeinsam kämpften." Arminius Stimme wurde wehmütig. „Chauken, Chatten und Tenkterer, Marser und Cherusker ..." Er brach ab. Dann lächelte er. „Für einen Augenblick haben wir tatsächlich gemeinsame Sache gemacht, nicht wahr? Und gemeinsam waren wir stark."

Ragin wollte etwas erwidern, doch Arminius musste noch etwas anderes loswerden.

„Hör mir zu, Ragin. Falls die Zeit es will und ich es nicht mehr kann, falls es irgendwie zu bewerkstelligen ist, ohne dass es dein Leben und dein Wohl gefährdet, dann möchte ich, dass du meinen Sohn suchst. Bring ihn nach Hause und lass ihn mit deinen Söhnen aufwachsen; es sind prächtige Jungen. Gib ihm einen anderen Namen, lass ihn nicht noch einmal für das Los büßen, mein Sohn zu sein. Er soll friedlich leben als einer der Deinigen, und du darfst niemandem sagen, wer sein wahrer Vater ist. Kannst du mir das versprechen?"

Ragin nickte. „Das kann ich. Er soll mein eigener Sohn sein."

Wieder lächelte Arminius. „Du kannst dir nicht vorstellen, was für ein Glück das für mich bedeutet, Freund."

Eine Weile schwiegen sie, dann räusperte sich Ragin. „Ich werde noch einmal nach dem Zaun sehen. Flaccus hat erzählt, dass am Nordrand die Wildschweine durchgebrochen sind. Er sagte, es sei dringend." Er erhob sich und wollte hinausgehen, als er am Eingang beinah mit einem Mann zusammenstieß, einem Mann im gelben Umhang. „Und da ist er auch schon", sagte Ragin. „Wenn man vom Grendel spricht …"

„Ich? Ein Grendel, ein Ungeheuer? Was hast du nur immer gegen mich?", empörte sich der Mann und schnalzte mit der Zunge.

Ragin, der Flaccus die Warnung an Varus nicht vergessen hatte, verdrehte nur die Augen. Als er nach draußen trat, konnte er noch hören, wie Arminius den Besucher begrüßte. Dann schlug er den Mantel um sich und machte sich daran, nach dem Zaun zu sehen.

Es hatte wieder stärker zu regnen begonnen, und Ragin verwünschte Flaccus und sein Gerede. Der Boden war matschig und uneben, und es dämmerte schon. Er grüßte einen der Männer, der ihm begegnete, und sah sehnsüchtig hinüber zu seinem Haus, aus dessen Windloch Rauch stieg. Sicher war seine Frau dabei, das Abendessen zu kochen. Heute Morgen hatte sein Knecht ein Huhn geschlachtet, und Ragin würde, wie so oft, seinen Freund Arminius bitten, mit ihnen zu essen.

Die Weide war leer, die Tiere zurückgetrieben ins Haus. Das nördliche Ende des umzäunten Pferchs lag hinter einer Hügelkuppe, und Ragin musste den langen Weg dorthin gehen, um den Schaden zu begutachten. Doch da war nichts. Er war den ganzen Zaun abgeschritten, aber es war alles in bester Ordnung. Ragin runzelte die Stirn. Hatte nicht Flaccus ihm versichert, dass ein ganzes Stück davon zerstört sei? Dass die Wildschweine ihn untergepflügt hätten bei ihrer Suche nach Eicheln und Bucheckern? Er besaß diesen Sommer nur dies eine Brachland, da auf dem anderen die Hirse stand; konnte Flaccus sich geirrt haben?

Plötzlich wurde Ragin eiskalt. „Arminius!" Er drehte sich um und rannte. Rannte, so schnell ihn seine Beine trugen.

Als er zurückkam, war es zu spät. Mit einem Blick erfasste Ragin das Geschehen, sah die zusammengesunkene Gestalt von Arminius am Feuer.

Flaccus, der noch zu fliehen versucht hatte, lag in der Jaucherinne im Gang zu den Tieren, die unruhig in ihren Ställen hin und her liefen. Ragin konnte die Frame erkennen, die ihm im Rücken steckte.

„Arminius!" Mit drei Schritten war Ragin bei ihm, drehte ihn um. „Arminius, nein, beweg dich nicht. Ich hole Hilfe. Ich hole meine Frau, sie weiß, was zu tun ist. Sie wird deine Wunde verbinden."

Arminius' Augenlider flackerten. „Ragin", sagte er, und ein dünner Blutfaden lief ihm aus dem Mundwinkel. „Du hattest doch recht … ein Grendel."

Hilflos legte Ragin eine Hand auf Arminius' Brust, die sofort nass war von Blut.

Ragin blickte sich um, suchte verzweifelt nach etwas, das er auf die Wunde pressen konnte, um die Blutung zum Stillstand zu bringen, doch Arminius ergriff seinen Arm.

„Hilf mir", sagte er, „hilf mir hoch."

„Nein", schrie Ragin auf, „du musst liegen blieben. Darfst dich nicht bewegen." Tränen traten ihm in die Augen.

„Hilf mir, Freund", sagte Arminius. „Bitte. Ich will den Regen noch einmal hören."

Ragin, der nicht wusste, was er anderes tun sollte, setzte ihn auf, legte ihm den Arm um und half ihm auf die Beine. Wie viel Zeit war seit Flaccus' Angriff vergangen? Wie viel Blut hatte er verloren? Die Gedanken in Ragins Kopf überschlugen sich, doch einer, der furchtbarste, ließ sich nicht mehr zurückdrängen: Es war zu spät.

Endlich standen sie unterm Vordach des Hauses. Die anderen Gebäude waren kaum noch auszumachen, so dunkel war es inzwischen geworden. Allein der Feuerschein von drinnen erhellte die beiden aneinandergelehnten Gestalten.

Ragin spürte, dass sein Freund kaum noch auf eigenen Beinen stand. Er hielt ihn nur noch fester.

Der Regen prasselte auf die Dächer, auf die Blätter und in die Pfützen.

„Hörst du das?", fragte Arminius schließlich.

Ragin, der keine Ahnung hatte, was sein Freund meinte, nickte. „Ja, ich höre es."

Che-rus-ker. Arminius lächelte und schloss für immer die Augen.

Arminius fällt der Heimtücke seiner Verwandten zum Opfer, schreibt der Römer Tacitus. Wir wissen nicht, von wem genau Arminius umgebracht wurde oder wie. War es Gift? War es ein Dolch?
Es ist wohl letztendlich gleich.

Arminius starb, weil andere ihm den Erfolg neideten, weil sie Angst hatten vor seiner Macht. Davor, dass er sich zum König machen wollte.

Dabei war Arminius vor allem ein großer Heerführer und nicht unbedingt ein Mensch mit politischen Visionen. Ob er wirklich an ein „vereintes Germanien" geglaubt hat, wissen wir nicht. Ihm ging es wohl vor allem darum, die Selbständigkeit seines Volkes zu wahren. Dazu war es nötig, die größte Macht der damaligen Welt, das römische Imperium, aufzuhalten. Dass ihm das gelungen ist, hat den Verlauf der Weltgeschichte verändert.

Nachdem wir schon öfter den römischen Geschichtsschreiber Tacitus gehört haben, soll er nun auch das letzte Wort haben: „Er ist

Das „Hermanns-denkmal" im Teutoburger Wald, mit dem im 19. Jahrhundert Arminius („Hermann") als „deutscher" Nationalheld gefeiert wurde

94

unzweifelhaft der Befreier Germaniens und ein Mann, der nicht, wie andere Könige und Heerführer, das römische Volk in seinen Anfängen, sondern das römische Reich auf der Höhe seiner Macht herausgefordert hat."

Hören wir da etwa Bewunderung in seiner Stimme?

Ragin war lange unterwegs gewesen, war nachts geritten und hatte tagsüber irgendwo versteckt Rast gehalten. Die Wege waren heller und lichter geworden, der Wind weicher, seit Tagen hatte er nur noch selten Wolken am strahlend blauen Himmel gesehen. Es roch nach Gewürzen, von denen er nicht den Namen wusste, und einmal hatte er ein Tier gesehen, das er nicht kannte, das allerdings so furchterregend auch nicht aussah. Ragin fragte sich, ob man es wohl essen konnte. Er fing Hasen und Vögel und hielt sich ansonsten an die Früchte im Wald, die er auf seinem Weg fand.

Gegen Morgen setzte er sich auf einen Hügel, geschützt durch wohlriechendes Dickicht und blaues Kraut, in dem die Schmetterlinge flogen. Er betrachtete die Stadt unter sich. Die vielen Häuser, engen Gassen, den Hafen mit den Kriegsschiffen und das blaue, endlose Meer.

Noch nie hatte er Wasser gesehen, das in den Himmel floss. Als die Sonne in seinem Rücken unterging, spiegelte sie sich golden auf den Wellen und tauchte die Häuser in warmes Licht.

Ragin holte, als es dunkler wurde, ein verschnürtes Päckchen aus dem Bündel, das er mit sich trug. Er wickelte es aus. Sorgsam nahm er die Emaillefibel heraus und versteckte den Rest seiner Sachen unter dem Strauch. Dann ging er los, um Arminius' Sohn zu holen. Er hatte es versprochen, seinen Söhnen versprochen: Sie würden einen neuen Bruder bekommen. Im Spiel Cherusker gegen Römer wurde doch immer einer gebraucht, der der Römer war.

18 ODER 16 V. CHR. Arminius wird geboren. Da es immer wieder zu Überfällen germanischer Stämme auf römisches Gebiet kommt, beschließt Kaiser Augustus, Germanien zu unterwerfen.

12 – 9 V. CHR. Drusus, der Stiefsohn von Augustus, dringt in das Cheruskerland ein und bis zur Elbe vor. Als er bei einem Reitunfall stirbt, kommt der Vorstoß zum Erliegen.

4–5 N. CHR. Drusus' älterer Bruder Tiberius will Germanien bis zur Elbe ins Römische Reich eingliedern. Die Cherusker unterwerfen sich freiwillig und stellen von nun an Hilfstruppen.
Arminius und sein Bruder Flavus treten in römische Dienste ein. Sie erhalten das römische Bürgerrecht, Arminius wird später sogar zum Ritter des Römischen Reiches ernannt.

6 N. CHR. Tiberius erhält von Augustus den Auftrag, das große Markomannenreich unter Marbod zu zerstören. Zwölf Legionen stehen dafür bereit, doch Marbod hat Glück: Ein Aufstand in Pannonien bricht aus, alle Legionen und Hilfstruppen werden zu dessen Niederschlagung gebraucht. Auch Arminius kämpft wahrscheinlich als Befehlshaber gegen die Pannonier.

7 N. CHR. Varus, bislang Statthalter Roms in Syrien, übernimmt den Oberbefehl am Rhein.

9 N. CHR. Auf dem Weg ins Winterlager an den Rhein unternimmt Varus mit drei Legionen einen Umweg in das Gebiet der

Cherusker, um dort einen Aufstand niederzuschlagen. Von Arminius in die Falle gelockt, bricht ein erbitterter Kampf zwischen Römern und germanischen Stämmen aus, der als „Varusschlacht" oder „Schlacht im Teutoburger Wald" in die Geschichte eingeht. Die Legionen werden vernichtet, Varus tötet sich selbst. Arminius schickt Varus' Kopf an Marbod, der ihn nach Rom bringen lässt.

10 N. CHR. Tiberius wird an den Rhein abkommandiert. In Begleitung seines Neffen und Adoptivsohns Germanicus unternimmt er Strafexpeditionen gegen die germanischen Stämme.

13 N. CHR. Germanicus erhält das Rheinkommando über insgesamt acht Legionen.

14 N. CHR. Kaiser Augustus stirbt, Tiberius wird sein Nachfolger. Unter den Cheruskern bricht ein offener Machtkampf zwischen Arminius und Segestes aus, nachdem Arminius dessen Tochter Thusnelda gegen den Willen des Cheruskerfürsten geheiratet hat.

15 N. CHR. Segestes entführt seine schwangere Tochter und bringt sie zurück auf seinen Fürstensitz, der in der Folge von Arminius belagert wird. Segestes wird von den Römern befreit, Thusnelda nach Rom gebracht.
Römische Soldaten (eventuell auch Germanicus selbst) dringen bis zum Ort der „Varusschlacht" vor und bestatten Gebeine der Gefallenen. Angehörige germanischer Stämme zerstören die Gräber wieder und verstreuen die Knochen.
Der ehemalige Römerfreund und Onkel von Arminius, Inguiomar, greift den Unterfeldherren Caecina gegen Arminius' ausdrücklichen Rat frontal an und wird verwundet.

16 N. CHR. Die Römer unter Germanicus unternehmen einen letzten Versuch, Germanien zu erobern. Sie dringen von der See her über die Weser bis tief ins Land der Cherusker ein.
Flavus und Arminius treffen sich am Ufer der Weser.
Auch bei der letzten großen Schlacht am Angrivarierwall (irgendwo zwischen Steinhuder Meer und Weser) bleibt Arminius ungeschlagen. Auf dem Rückzug müssen die Römer aufgrund von Unwettern schwere Verluste hinnehmen. Germanicus wird von Kaiser Tiberius abgezogen; ihm wird ein Triumph zuerkannt. Der Kampf um Germanien ist damit von römischer Seite offiziell beendet.

17 N. CHR. Segestes sieht von einer Ehrenloge aus zu, wie seine Tochter Thusnelda und das inzwischen geborene Enkelkind Thumelicus, Arminius' Sohn, in Germanicus' Triumphzug den Römern vorgeführt werden.
Um seine Macht zu sichern, greift Arminius Marbod an. Sein Onkel Inguiomar kämpft auf Seiten der Markomannen. Marbod zieht sich auf seine Burg zurück, muss aber schon zwei Jahre später die Römer um Asyl bitten.

19 ODER 21 N. CHR. Arminius wird, so übermittelt es der Geschichtsschreiber Tacitus, „durch die Heimtücke seiner Verwandten" getötet.

Das meiste von Arminius wissen wir aus Schriftstücken, die in der Zeit oder unmittelbar danach entstanden sind, in der die Geschichte sich ereignete, den Quellen. Da die Germanen nicht schreiben konnten, stammen alle Quellen von den Römern. Und die hatten eine ganz eigene Sicht auf die Dinge: So bezeichneten sie die Stämme Norddeutschlands durchweg als Germanen oder Barbaren.

Die Quellen sehen Arminius also nur mit römischen Augen. Und bezeichnen die Dinge in ihrer Sprache, also auf Lateinisch, weshalb wir heute nicht einmal mehr Arminius' richtigen Namen wissen. Im 16. Jahrhundert deutschte man den Namen ein und machte aus Arminius einfach Hermann, da er doch ein Heer-mann, ein Krieger war. Aus diesem Grund ist oft von „Hermann dem Cherusker" die Rede, und bei Detmold steht ein riesiges „Hermannsdenkmal". Doch wie immer sein cheruskischer Name auch gelautet haben mag: Hermann war es sicherlich nicht.

Die wichtigste Beschreibung der Volksstämme, die die Römer Germanen nannten, stammt von dem bedeutenden Geschichtsschreiber Tacitus in seinem Werk *Germania*. Allerdings verfasst Tacitus seine Berichte erst 77 Jahre nach Arminius' Tod. Und, darüber machten sich schon Zeitgenossen lustig: Er selbst hat nie einen Fuß nach Germanien gesetzt!

Zu den Quellen kommen noch die Überlieferungen, zum Beispiel beim Götterglauben der germanischen Stämme. Jedes Kind damals kennt die Geschichten der Götter von seinen Eltern und glaubt daran, es gibt Lieder und Gedichte, die gesungen, erzählt und somit immer weitergegeben werden. Gesammelt und aufgezeichnet werden sie jedoch erst wesentlich später, um das Jahr 1200 herum. Es gibt also nicht „die" germanische Mythologie, ebenso wenig wie es „die Germanen" gab, doch spielten Rituale und Götterglauben eine wichtige Rolle im Leben der germanischen Stämme.

Durch die Quellen und Überlieferungen erfahren wir die Namen von Personen, von Orten und Ereignissen, Vorstellungen und (religiösen) Denkweisen der Menschen. Alltagsdinge, also wie die Menschen wirklich gelebt, was sie gegessen, was angebaut, wie sie gewohnt und geschlafen haben, erfährt man dort nicht. Es war einfach nicht wichtig genug, um aufgeschrieben zu werden.

Aber es gibt noch Spuren. Bei Ausgrabungen kommt vieles aus der Vergangenheit wieder ans Tageslicht. Vor allem Gegenstände aus Metall haben sich erhalten, darunter Töpfe, Becher, Speer- und Pfeilspitzen und immer wieder Münzen. Die Germanen benutzten untereinander kein Geld, doch trieben einige Stämme durchaus Handel mit den Römern. Dass Münzen gefunden werden, ist also nicht erstaunlich. Interessant ist das, was daraufsteht: Ist Varus auf einer Seite abgebildet, kann man daraus schließen, dass sie aus der Zeit von Varus als Statthalter stammt. Da die Soldaten ihren Sold mit sich herumtrugen, werden die Wissenschaftler höchst aufmerksam, wenn sie viele verstreut liegende Münzen finden. Hat an diesem Ort vielleicht ein Kampf stattgefunden, während dem der Sold der Gefallenen verloren ging? Kommen dann noch Reste von Waffen und Knochen zum Vorschein, dann ist ziemlich klar: Hier tobte vor langer, langer Zeit eine Schlacht.

In Kalkriese bei Osnabrück haben Wissenschaftler so einzigartige und viele Spuren und Gegenstände gefunden, dass sie inzwischen davon ausgehen, dass die „Schlacht im Teutoburger Wald" in Wirklichkeit dort stattgefunden hat. Heute kann man im großen Museum und angrenzenden Park auf den Spuren von Arminius wandeln und hinter dem nachgebauten Wall hervorstürmen. Und wer ganz genau hinsieht, wird dort sogar den Schmerzensruf von Kaiser Augustus entdecken: „Varus, gib mir meine Legionen wieder!

AMPHORE Krug mit zwei Henkeln und dickem Bauch zum Aufbewahren und Transportieren von Öl und Wein

CURIA Zentraler Versammlungsort in einer römischen Stadt; die berühmteste ist die von Cäsar erbaute und unter Kaiser Augustus fertiggestellte Curia Iulia

FIBEL Gewandnadel nach dem Prinzip unserer heutigen Sicherheitsnadel, vor der Erfindung des Knopfes die einzige Möglichkeit, Kleider, Mäntel und Umhänge zusammenzuhalten

FORUM ROMANUM „Forum" heißt Zentrum, und ein Zentrum gibt es in fast jeder römischen Stadt. Das Forum Romanum ist das Zentrum Roms.

FRAME Speer der germanischen Stämme mit scharfer Eisenspitze

KANDELABER Mehrarmiger Ständer für Kerzen oder Lampen

KOHORTE Einheit der römischen Armee. Eine Kohorte besteht aus sechs Zenturien zu je achtzig Mann.

LEGION Größte Einheit der römischen Armee. Eine Legion besteht aus zehn Kohorten und umfasst mit allen Sondereinheiten wie z. B. Reitern etwa 6 000 Mann. Zur Zeit von Arminius besaß das römische Reich 28 Legionen.

MET Honigwein

PANNONIEN Römische Provinz, heute das Gebiet von Westungarn sowie Teilen von Österreich, Serbien, Slowenien und Kroatien

SÄNFTE Sitz- oder Lastgestell, das von Menschen oder Tieren an hinten und vorn herausragenden Stangen getragen wird

SOLD Entlohnung der Soldaten eines Heeres

STATTHALTER Ein Verwalter und in dieser Funktion gleichzeitig Stellvertreter des römischen Kaisers in einer bestimmten Region

TABERNA Römische Kneipe

THING Versammlung der freien Mitglieder eines germanischen Stammes. In einem Thing wurden politische Fragen besprochen und Gericht gehalten.

TIBER Fluss durch Rom

TRIUMPH Staatliche Ehrung eines siegreichen Feldherren in Form eines feierlichen Einzugs in die Stadt Rom

TUNICA Römisches Kleidungsstück für Männer und Frauen. Römische Bürger trugen außer Haus in der Regel eine Toga über der Tunica.

WALKER Römischer Wäscher

ZENTURIO, Mehrzahl ZENTURIONEN, Offizier der römischen → Legion, Befehlshaber einer Zenturie. Eine Zenturie besteht aus achtzig Mann, sechs Zenturien bilden jeweils eine Kohorte.

Bildquellen
AKG: S. 31, 60, 69, 82, 94

© 2009 Verlagshaus Jacoby & Stuart, Berlin
Alle Rechte vorbehalten
Litho: up designers berlin-wien und Sepp Barske
Satz: up designers berlin-wien
Satz aus der Minion, der CorporateS und der Trajan
Druck und Bindung: CPI, Ulm
Printed in Germany

ISBN 978-3-941087-25-5

www.jacobystuart.de

Wer war ...?

Kinder brauchen Vorbilder, und deshalb haben sie sich schon immer für die großen Gestalten der Geschichte interessiert. Aber sie sollen auch wissen, dass keiner dieser Helden und keine dieser Heldinnen vollkommen war.

Durch spannend geschriebene Biographien, die gleichwohl auch kritisch sind, lernen Kinder, dass jeder Mensch sich immer wieder neu entscheiden muss, das Richtige zu tun. Und sie lernen die Epochen der Geschichte über die Menschen viel besser kennen als über irgendeine unpersönliche Darstellung. Sie lernen, wie die Menschen in den verschiedenen Epochen gelebt, geliebt, gearbeitet und gekämpft haben.

Edmund Jacoby

Wer war König Artus?

»Edmund Jacoby, ein ausgewiesener Artus-Freund, hat sich dieses Sujets nun neuerlich angenommen. Wer war König Artus? ist eine Handreichung, die auf 88 Seiten knapp und klar eine Lesart der Sage vorlegt, orientiert vor allem an Thomas Malory.«
Tilman Spreckelsen, Frankfurter Allgemeine Zeitung

96 Seiten, ISBN 978-3-941087-09-5

Nina Schindler

Wer war Karl May?

»Nina Schindler hat über den sächsischen Phantasten ein sorgfältig gemachtes Buch für junge Leute herausgebracht. Sie berichtet erfreulich leichtfüßig vom ›Leben und Streben‹ des begabten Knaben Karl aus dürftigsten Verhältnissen.«
Harald Eggebrecht, Süddeutsche Zeitung

112 Seiten, ISBN 978-3-941087-10-1

Kirsten John

Wer war Klaus Störtebeker?

»Captain Kidd oder Henry Morgan – diese Namen werden genannt, wenn es um bekannte Piraten geht. Dabei haben wir in Deutschland durchaus auch einen berühmten Seeräuber zu bieten: Klaus Störtebeker. Kirsten John und Stefanie Roth begeben sich in ihrem neuen Buch auf die Spur des Seeräubers und seiner Geschichte.«
Coburger Tageblatt

112 Seiten, ISBN 978-3-941087-13-2

Barbara Sichtermann

Wer war Sophie Scholl?

»Barbara Sichtermann hat eine Art über Sophie Scholl zu schreiben, die direkt auf die Person hinführt, es wird nicht episch, das heißt, es wird nicht das, was Schüler so hassen. Man muss sich durch diesen Text überhaupt nicht durchquälen, man ist sofort drin.«

Roswitha Budeus-Budde, Süddeutsche Zeitung

128 Seiten, ISBN 978-3-941087-11-8

Christine Paxmann

Wer war Odysseus?

Wie ein spannender moderner Abenteuerroman liest sich diese Biographie des beliebtesten Sagenhelden der alten Griechen, des klugen Odysseus. Christine Paxmann hat geschickt zusammengefasst, was wir bei den antiken Schriftstellern über Odysseus lesen können. Und ganz nebenbei erfahren wir auch vieles über die Kultur, die Religion und die Sitten des ältesten Griechenland.

112 Seiten, ISBN 978-3-941087-16-3

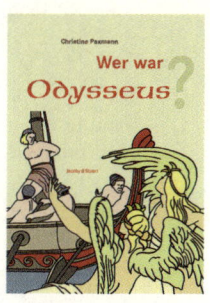

Ulrike Gerold / Wolfram Hänel

Wer war Robin Hood?

Robin Hood und seine Gefährten nahmen den Reichen und gaben den Armen. Und sie brachen das Recht, weil sie die Gerechtigkeit liebten. Ulrike Gerold und Wolfram Hänel erzählen das abenteuerliche Leben des englischen Volkshelden unterhaltsam nach und erklären nebenher, was davon historisch verbürgt ist und was ins Reich der Legende gehört.

112 Seiten, ISBN 978-3-941087-28-6

Werner Färber

Wer war Florence Nightingale?

Florence Nightingale will keine brave Ehefrau werden, sondern selbst entscheiden, was sie aus ihrem Leben macht – und das Mitte des 19. Jahrhunderts. Eindringlich schildert Werner Färber, wie ein engagiertes Mädchen, das sich dazu berufen fühlt, Armen zu helfen und Kranke zu heilen, zur weltberühmten Pionierin der modernen Krankenpflege wird.

112 Seiten, ISBN 978-3-941087-19-4

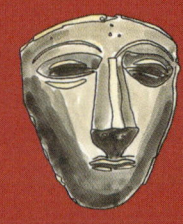